Pasteles pintados

Para P. A. y G.

Pasteles pintados

Natasha Collins

Editorial EJ Juventud
Provença, 101 – 08029 Barcelona

i love you
je t'aime
te amo
i love you
ich liebe dich
forever
je t'aime

Contenido

Bienvenidos a *Pasteles pintados*

Era inevitable que acabara ganándome la vida pintando pasteles: mi familia cuenta con una larga lista tanto de artistas como de reposteros, así que quizás solo era cuestión de tiempo que alguien tuviera un golpe de inspiración y combinara ambos. Mis padres son artistas profesionales, y siempre me han animado a agarrar el pincel. Admito que durante un tiempo acaricié la idea de convertirme en dentista, pero a los 15 años descubrí que eso no era para mí, y mi madre no pudo evitar dar un suspiro de alivio. (Debo añadir que no tiene nada en contra de los dentistas, pero ya por aquel entonces ella advirtió que yo estaba más dotada para las artes). En lugar de eso, me formé como ilustradora y luego de algún modo fui a parar al diseño textil, donde permanecí durante prácticamente 10 años.

Pero lo de hacer pasteles lo llevaba en la sangre. Mi abuela paterna era una gran repostera de Lancashire (aún recuerdo el sabor de sus fabulosos pasteles de carne y patata) y mi padre heredó ese gen: puede hacer un pastel de chocolate glorioso en un abrir y cerrar de ojos.

Mi familia materna procede de Escocia e Irlanda, y poseen una regla no escrita según la cual nadie puede tomar una taza de té jamás sin acompañarla de por lo menos un trozo de pastel (normalmente de fruta o de Madeira). De niña, mi madre procuraba que nuestro bote de galletas estuviera siempre lleno de delicias caseras.

Al convertirme en una madre a jornada completa y dejar mi trabajo como diseñadora textil, me di cuenta de que había echado realmente de menos tener una salida profesional creativa. Probé varias empresas artísticas, pero nada me llenaba. Así que volqué toda mi energía en las fiestas de cumpleaños de mis hijas, incorporando el dicho de Julia Child: «Una fiesta sin pastel no es más que un encuentro». Canalicé mi creatividad en hacer pasteles de cumpleaños y de celebración cada vez más grandes y elaborados, hasta que empecé a pensar que mis esfuerzos podían ser lo bastante buenos como para venderse.

La mayoría de los primeros pasteles que vendí estaban decorados con figuras de fondant y flores recortadas. Sin formación ninguna en *sugarcraft*, sabía que no podía (y por eso no quería) usar decoraciones con manga pastelera, me horrorizaba obtener malos resultados que rayaran lo espantoso. Sin embargo, uno de mis primeros encargos fue el de un pastel de 70 aniversario, y el cliente quería un cartel de «Feliz cumpleaños, abuelo» en un lateral. Estaba aterrorizada: no podía soportar la idea de usar la manga pastelera. Pero los artistas profesionales raras veces pueden rechazar el trabajo de un cliente, especialmente si su negocio está empezando. Así que sonreí y dije: «¡Por supuesto, ningún problema!».

Pero resultó ser un problema. Un problema enorme. No recuerdo que llegara a llorar, pero tras pasar una hora trabajando con la manga pastelera, raspando los resultados y repitiendo todo de nuevo, lo vi todo negro. Necesitaba otro enfoque. Pensé en toda la investigación que había hecho para mi nueva carrera, en todas las horas que había pasado consultando internet, buscando hermosos pasteles, y recordé algunos decoradores de pasteles pintando sobre fondant y añadiendo detalles a las figuras de fondant. Así que decidí hacer lo mismo que aquella quinceañera aspirante a dentista: agarrar el pincel.

Mi madre lo supo desde siempre: soy más feliz cuando pinto. En cuanto puse el pincel lleno de viscoso colorante alimentario sobre el fondant, fue como si una bombillita de dibujos animados se encendiese sobre mi cabeza; me sentí mucho más a gusto que con la manga pastelera, y el texto que tenía que pintar fluyó fácilmente. Si escribir un mensaje me había parecido tan fácil, me pregunté qué más podría pintar. Al día siguiente, hice una tanda de galletas en forma de mariposa, las recubrí de fondant y empecé a pintarles flores. Y ya no volví la vista atrás. Ahora siempre tengo una colección de tarros de mermelada alineados sobre la repisa de la ventana de mi cocina llenos de pinceles, los botes de colorante alimentario invaden mis superficies de trabajo, los pasteles nos salen por las orejas, y hasta la fecha, sigo siendo un desastre con la manga pastelera.

Lo que empezó como una huida de las tareas domésticas y un modo de ganar un poco de dinero extra antes de volver realmente al diseño textil, se ha convertido en una profesión, y nunca he sido más feliz. He tenido la suerte de trabajar para clientes estupendos, en proyectos apasionantes, y he viajado por el mundo enseñando a alumnos de sugarcraft realmente entusiastas. Y sobre todo, me encanta ayudar a que los días especiales de la gente sean aún más especiales y personales para cada uno de ellos.

Con mi formación como ilustradora, siempre he albergado la ambición de escribir e ilustrar mi propio libro. Así que imagina lo emocionada que estoy al poder escribir *Pasteles pintados* para ti. Espero que leer este libro te inspire a agarrar el pincel y pintar, y que descubras un modo totalmente distinto de decorar pasteles. Recuerda, ¡pintar te hace feliz!

ENCONTRAR TU PROPIO ESTILO

No importa si no posees experiencia previa, ya sea sobre fondant o sobre un medio más tradicional; la mayoría de mis estudiantes son totalmente principiantes, y todos se asombran de lo que pueden conseguir con un poco de orientación y algo de práctica. Pero es importante ser consciente de que pintar sobre un pastel no es como otros tipos de decoración de pasteles, donde aprendes las técnicas que te permitirán crear un duplicado de un pastel. La pintura no funciona nunca así, en ningún material, y los resultados obtenidos variarán ligeramente cada vez. A medida que trabajes en los proyectos de este libro, a pesar de que estarás decorando pasteles (y las instrucciones, pistas y consejos de este libro son concretamente para trabajar sobre fondant), lo que en realidad estarás haciendo es aprender a pintar. Así que además de dedicarte a la decoración de pasteles, te convertirás en artista. Estoy segura de que pintar sobre fondant te parecerá una empresa extraordinariamente personal, creativa y muy gratificante.

Quizás pienses que aprender las técnicas que te permitirán pintar sea la parte más dura de este proceso, pero en realidad los proyectos te ayudarán a comprobar que estas técnicas son relativamente fáciles. No, la lección más dura para un pintor que empieza es amar tu propia «mano», un término artístico que designa el estilo natural con el que pinta un individuo, y el tuyo siempre será único. Es un término muy literal: es tu mano la que mueve

el pincel de un modo único, que lo guía para crear un estilo individual, y con él, obras de arte únicas.

Aprender a apreciar qué aspecto tiene tu propia «mano» siempre es difícil. En toda mi vida de diseñadora, de la escuela de arte en adelante, siempre ha habido por lo menos un compañero diseñador cuyo trabajo admiraba mucho pero por quien sentía a la vez un matiz de envidia por su estilo. A menudo pensaba que mi propio trabajo no estaba a la altura. Ahora, cuando doy clases, veo que la mayoría de estudiantes experimentan lo mismo. Se sorprenden por el trabajo de un compañero y sienten que su propio trabajo no está bien. Esta pequeña voz de duda debería pasarse por alto. Es importante esforzarse siempre por mejorar, pero si al trabajar en los proyectos de este libro, siempre comparas tu pintura con otros, tu confianza se reduce. Por favor, ¡no dejes que eso suceda! No pierdas el tiempo preocupándote por si tu trabajo no es lo suficientemente bueno, porque sí que lo es, de verdad que sí, solo tienes que aprender a apreciarlo. Acepta que aunque sea diferente del de cualquier otro, tu propia «mano», tu propio estilo de pintar, es tan bueno como el de cualquier otro.

Te digo esto porque es importante entender que pintar es una búsqueda personal. No vas a crear duplicados de mi trabajo con los proyectos de estas páginas (a menos que seas un maestro falsificador, en cuyo caso creo que probablemente ganarías más dinero fuera del negocio de la decoración de pasteles). Algunos de vosotros descubriréis que tenéis un toque mucho más delicado con un pincel, y vuestro trabajo se verá más suave. Otros tendréis un estilo más gráfico, o puede que creéis un diseño que se parezca mucho más a una acuarela. ¡Aceptad las diferencias! Al final de la clase, me encanta ver las variaciones en los trabajos de mis alumnos, pese a que han trabajado con el mismo diseño de partida. Es por ello que amo tanto la pintura: la mano de cada persona crea algo diferente, algo único.

A medida que veas surgir tu propio estilo al trabajar en los proyectos de este libro, por favor, no intentes luchar contra él, o tu pintura perderá su integridad y sentirás insatisfacción por lo que has creado. Tómate tu tiempo para practicar, disfruta, y sobre todo, ¡deja que surja tu artista interior!

Capítulo 1

tu equipo

PREPARAR EL EQUIPO

En las páginas siguientes hallarás un inventario de todo el equipo de repostería y las herramientas de decoración necesarias para los proyectos de este libro. Los artículos de repostería los encontrarás en una tienda de artículos de cocina, o en la sección de cocina de unos grandes almacenes. Si tienes la suerte de tener una tienda de artículos de decoración de pasteles cerca, encontrarás equipo más especializado allí, o quizás puedas encargarles lo que no esté en stock. Y si no tienes acceso a ninguna tienda, hay muchos proveedores en la red: busca «equipo para decorar pasteles» o la herramienta concreta que necesites.

No te sientas en la obligación de salir y comprar todo de golpe. Si no tienes un molde concreto para un proyecto, puedes sustituirlo fácilmente por otro que tengas de distinto tamaño u forma. O quizás tus amigos te presten algunos artículos hasta que puedas comprar tu propio equipo. Yo he ido creando mi propio equipo gradualmente a lo largo de los años, comprando cosas nuevas a medida que las necesitaba, en lugar que despilfarrar de golpe... ¡pero yo soy bastante frugal!

EQUIPO DE REPOSTERÍA

Moldes de pastel: Si eres principiante, debes emplear cualquier molde de pastel que tengas. Pero si deseas dedicarte profesionalmente a decorar pasteles, te aconsejo que inviertas en moldes de buena calidad. Los moldes para pasteles de un proveedor especializado son de un metal más grueso (normalmente aluminio), que ayuda a evitar que se queme, y tienen ángulos y bordes completamente rectos, que ayudan a cubrir y rellenar el pastel. Los laterales deben tener como mínimo 75 mm/3" de altura.

Para hacer pasteles grandes de diferentes capas, algunos reposteros usan varios moldes del mismo tamaño para hornear capas individuales que se unen posteriormente. Otra alternativa es hornear un pastel entero en un solo molde y luego cortarlo en capas. Los moldes ocupan mucho espacio y si tienes muchos de igual tamaño, no podrás guardarlos unos dentro de los otros. Por desgracia, mi cocina es diminuta, con un solo armario pequeño para mis moldes, y eso determina mi modo de trabajar: utilizo un solo molde por pastel.

En la mayoría de tiendas especializadas en decoración de pasteles los moldes se miden en pulgadas, pero las tiendas de artículos de cocina prefieren seguir el sistema métrico, y no siempre coinciden con los tamaños en pulgadas. Si el tamaño de tu molde de pastel no es exactamente el mismo que he usado en una receta concreta, puede que esto afecte ligeramente al tiempo de horneado, así que vigila el pastel cuando se acerque el fin del tiempo de cocción, para evitar que se queme. Los tamaños estándar de moldes son los siguientes:

Moldes redondos: 100 mm/4"; 130 mm/5"; 150 mm/6"; 180 mm/7"; 200 mm/8"; 230 mm/9"; 250 mm/10"

Moldes cuadrados: 100 mm/4"; 150 mm/6"; 200 mm/8"

Tiras para hornear: Son tiras aislantes que rodean el molde para evitar que se quemen los bordes del pastel y ayudan a que se haga uniformemente. Las venden diversos proveedores especializados en repostería.

Moldes de cupcake/muffin

Cápsulas de cupcake: Nunca uso cápsulas estampadas, pues creo que la mantequilla afecta al papel y estropea el dibujo. Los hago en cápsulas blancas o marrón oscuro y luego coloco los cupcakes decorados (aún en su envoltorio original) en las cápsulas de cupcake elegidas. Para la receta de pastel de frutas (pág. 55), utilizo cápsulas de papel de aluminio: son más gruesas y evitan que la fruta se queme al hornearla.

Bandejas de hornear: Si quieres hacer grandes cantidades de galletas, necesitarás por lo menos tres bandejas de hornear. Lo mismo con los cupcakes: compra tres bandejas para cupcakes y así podrás hacer 36 de una vez.

Cortadores de galletas

Rejillas enfriadoras: Usar rejillas enfriadoras apilables es un modo estupendo de ahorrar espacio si tienes un encargo grande.

Papel de hornear para forrar moldes.

Papel sulfurizado o papel de aluminio para envolver pasteles de fruta.

Film transparente

Espátula de goma

Probador de pasteles: Si no tienes uno, un pincho es perfecto para comprobar si se ha completado la cocción.

Termómetro de horno: Como cada horno tiene un rango de temperatura distinto, deberás comprobar si tu horno está a la temperatura correcta para la receta que estás haciendo. Si el termómetro no coincide con la temperatura que indica el horno, ajusta el botón de temperatura según convenga.

Colador

Diversos cuencos

Pincel de repostería: Los pinceles de cerdas naturales me parecen más fáciles de usar, pero no he encontrado ninguno que no pierda pelo, lo cual no es muy agradable. He recurrido a un pincel de repostería con cerdas de silicona: no es tan efectivo, pero por lo menos no acabas tragando pelos al comer el pastel.

Batidora eléctrica de brazo o mezcladora con base: Necesitarás una batidora eléctrica de brazo para los pasteles más pequeños. Para pasteles más grandes, o para mezclar los ingredientes de dos pasteles a la vez, te aconsejo que inviertas en una batidora mezcladora con base.

Báscula: Siempre empleo básculas digitales, pues son más precisas, pero sé que algunos reposteros prefieren las tradicionales; ambos tipos son perfectos para los proyectos de este libro.

Papel de aluminio
Film transparente
Papel de hornear
Papel sulfurizado
Bandeja
para cupcakes
Batidora
mezcladora con base
Probador
de pasteles
Cápsulas
de cupcake
Espátula de goma
Batidora
de brazo
Rejilla enfriadora
Bandeja
de hornear
Cortador
de galletas
Termómetro
de horno
Molde de pastel
Cuencos
Báscula
Colador
Tiras para hornear
Pincel de repostería

EQUIPO DE DECORACIÓN DE PASTELES

Nivelador de pasteles: También puedes usar un cuchillo de sierra, pero creo que así es mucho más fácil.
Espátula acodada: Recibe este nombre porque la hoja se curva en ángulo por debajo del mango. Te permite cubrir y alisar superficies inabarcables con una espátula convencional.
Rasqueta: Es un rectángulo plano de plástico o metal fino para crear laterales totalmente rectos de crema de mantequilla al cubrir un pastel, y también para alisar fondant.
Rodillos: Para extender fondant y masa de galleta, necesitarás un rodillo largo de unos 460 mm/18", preferentemente de plástico. Los de madera pueden dejar marcas y muescas en el fondant. Te será útil usar un rodillo pequeño (150 mm/6") para extender pasta de modelar.
Tablillas niveladoras: Son unas tiras largas y finas de plástico para que al extender fondant, mazapán o masa de galletas, esta tenga un grosor uniforme. Yo utilizo tablillas de 5 mm/¼".
Plato giratorio (con/sin inclinación): Muchos de mis estudiantes prefieren el plato giratorio inclinado. Si el pastel está en ángulo, es más fácil pintar los laterales. Yo uso uno sin inclinación, que mantiene el pastel derecho. Lo prefiero sobre todo para pintar pasteles de pisos, porque hay menos probabilidades de provocar grietas o bultos en los lados.
Alisadores: Son unas palas con mango que sirven para crear una hermosa superficie lisa en el fondant. Colocas la superficie plana del alisador sobre el fondant y, presionando de forma regular, lo mueves sobre la superficie del pastel hasta dejarla completamente lisa (o lo máximo que puedas).
Bases de tambor para pasteles: Bases de cartón lo suficientemente grueso como para aguantar el peso de un pastel (normalmente de 12 mm/½" de grosor), incluso un pastel de pisos. El cartón está recubierto por una capa de aluminio, a menudo plateado o dorado; también hay en rosa o azul metálico. Pero yo siempre cubro estas bases con fondant y escondo el borde con una cinta. Odio ver un hermoso pastel sobre una base sin recubrir.
Bases para pasteles: Similares a las bases de tambor, de cartón y recubiertas de aluminio, pero mucho más finas. Puedes comprar bases de 4 mm/3⁄16" de grosor, bases de doble grosor (3 mm/⅛"), o simples (2 mm/1⁄16"). Ninguna de estas bases sirve como base de presentación, pues no son lo bastante gruesas como para aguantar el peso de un pastel. Se utilizan para dar soporte a los pasteles de pisos.
Palillos
Palos: Palitos largos y finos para añadir soporte a los pisos; pueden ser de plástico o de madera.
Nivel de burbuja pequeño: Es una herramienta para ver si una superficie es completamente horizontal. Algunos proveedores de decoración de pasteles los venden, pero en tu tienda de bricolaje seguro que hay. Úsalo solo para la decoración de pasteles.
Cúter: Los cúteres de mango redondo son más fáciles de usar para recortar fondant, pero cualquier tipo servirá.
Esterilla de espuma: Coloca flores de pasta de azúcar o figuritas sobre esta esterilla para que se sequen, lo harán más rápido que en otras superficies y no se pegarán.
Pistola de modelar: Una jeringa grande o pistola con multitud de discos que crean diversos efectos con el fondant, como cuerda, pelo o hierba.
Esteca de bola: Herramienta de modelar en forma de palo con una bola en el extremo con muchos usos; aquí la usarás para hacer volantes.
Marcador de textura de encaje: Un marcador de plástico o silicona que presionado sobre el fondant extendido crea un estampado de encaje. También puedes comprar rodillos de textura de encaje que se presionan sobre el fondant creando el mismo efecto.
Molde de encaje: Molde que al presionarlo sobre una capa fina de pasta de modelar crea un efecto de encaje. Normalmente deberás recortar la pasta sobrante del borde con un cúter.
Palos de piruleta
Rotulador de tinta comestible
Boquilla de estrella grande para manga pastelera: Para crear hermosos remolinos de crema de mantequilla sobre los cupcakes.
Bolsa de manga pastelera: Las de plástico son desechables, o puedes comprar de tejido, que pueden lavarse y reutilizarse.

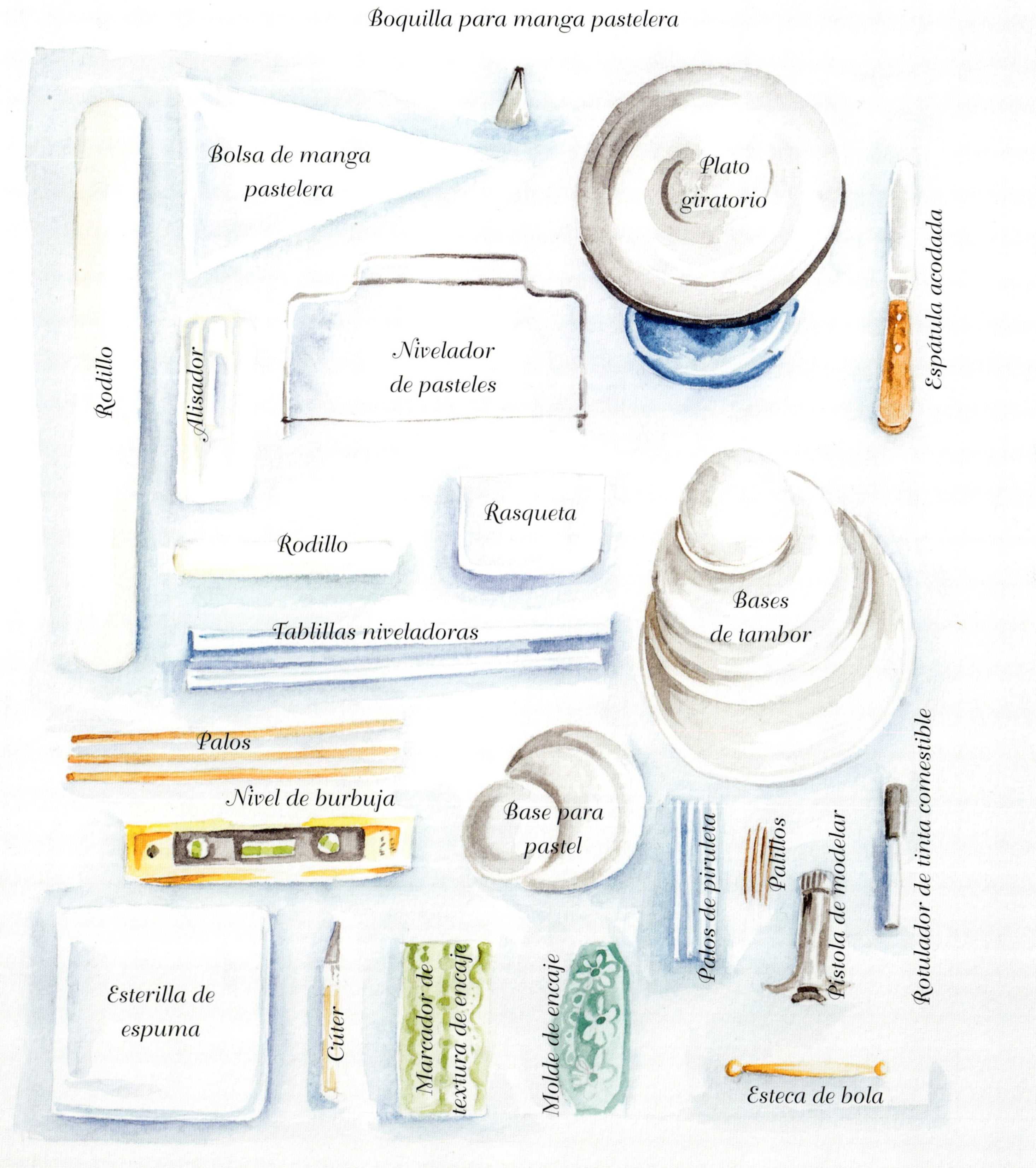
Boquilla para manga pastelera
Bolsa de manga pastelera
Plato giratorio
Espátula acodada
Rodillo
Alisador
Nivelador de pasteles
Rasqueta
Rodillo
Bases de tambor
Tablillas niveladoras
Palos
Nivel de burbuja
Base para pastel
Palos de piruleta
Palillos
Pistola de modelar
Rotulador de tinta comestible
Esterilla de espuma
Cúter
Marcador de textura de encaje
Molde de encaje
Esteca de bola

EQUIPO DE PINTURA

Tarro de agua: También puedes usar una taza o un tarro de mermelada limpio.

Paleta de pintura: Se encuentran en la mayoría de tiendas de arte, pero cuando empecé usaba un plato de plástico y la tapa limpia de un tarro de margarina: cualquier cosa con una superficie de plástico lisa servirá.

Papel de cocina

Pinceles de tamaños 8, 4 y 0 de punta redonda; un pincel plano de 20 mm/¾": Las cerdas de un pincel de punta redonda acaban en un punto, mejor que el borde plano y cuadrado de un pincel plano. Existen tamaños de pincel internacionales, pero la distinción de cada tamaño puede variar entre los fabricantes.

Para estos proyectos en cuestión, el 8 es un pincel con una base de 5 mm/¼" de ancho y 20 mm/¾" de largo, un pincel del 4 tiene 2 mm/1⁄16" de ancho y 12 mm/⅝" de largo, y un pincel del 0 mide 1 mm/1⁄32" de ancho y 7 mm/⅜" de largo. No te preocupes si tus pinceles no son exactamente de las medidas que doy; mientras sean más o menos de ese tamaño, podrás pintar todos estos proyectos. Algunos pinceles tienen la anchura correcta pero son mucho más largos; yo los evitaría, pues las cerdas largas pueden ser difíciles de controlar.

Si tienes algo de experiencia con acuarela tradicional, entonces sabrás que un artista profesional normalmente utiliza un pincel de pelo de marta cibelina y que son los mejores que puedes comprar. Pero esto no es lo mejor para lo que queremos hacer; un pincel de pelo natural combinado con pegajosa pasta de azúcar y unos colorantes alimentarios viscosos quedaría inservible.

En lugar de eso, compra siempre pinceles sintéticos de cabeza redonda. Yo normalmente opto por un pincel de precio medio, pero a veces «tomo prestados» los pinceles baratitos de mis hijas y van igual de bien. Estos tres tamaños de pincel redondo (8, 4 y 0) son todo lo que necesitas para completar la parte de pintura de los proyectos de este libro, y a menos que pintes un pastel realmente enorme, no necesitarás pinceles más grandes.

El pincel plano se usa para humedecer el fondant y aplicarle fondant impreso comestible, y también para crear el pastel Salpicaduras (pág. 209).

Al igual que el resto de equipo aquí mencionado, deberías usar tus pinceles únicamente para decorar pasteles.

Espray comestible dorado: Puedes comprarlo a proveedores especializados en decoración de pasteles. Se parece al que usaría un artista de grafiti, pero es totalmente comestible (debe ponerlo en el bote, de lo contrario... ¡has comprado el producto equivocado!).

Colorantes alimentarios comestibles: El extraordinario crecimiento de la industria de la decoración de pasteles ha llenado el mercado de productos fabulosos y hay gran variedad de colorantes alimentarios para pintar sobre fondant. Yo utilizo colorante en pasta porque es opaco. Puedes usar gel, pero será más translúcido (el resultado será diferente, y a la larga puede que descubras que es más adecuado para tu mano); pero algunas variedades no se secarán sobre el fondant y quedarán viscosas.

Puedes emplear también polvos de brillo y colores líquidos, y aquí también cada tipo de colorante dará resultados diferentes. Una pequeña advertencia: hay polvos de brillo de algunos proveedores de decoración de pasteles que no son comestibles (ya lo sé, suena contradictorio). Los decoradores de pasteles espolvorean estos productos sobre flores de pasta de azúcar que, a pesar de colocarse sobre un pastel, no son comestibles. Si estás usando un producto en polvo, asegúrate de que se trata de una variedad comestible.

Pintura dorada: Hay de muchos tipos; busca una líquida o que se diluya en agua. Algunas requieren alcohol para usarlas. Puedes usar polvo de brillo dorado, pero suele volverse polvo de nuevo al secarse, y puede emborronarse muy fácilmente.

Polvo blanco: A menudo se pasa por alto que uno de los colores más importantes de tu caja de pinturas es el blanco. Otra vez, asegúrate de que sea comestible. Prefiero la variedad en polvo a la líquida, pues la segunda me parece demasiado translúcida. Si no puedes conseguir polvo blanco, prueba con un polvo de brillo muy suave, obtendrás los mismos resultados. Mezclar el blanco formando una pasta para pintar es una habilidad que requiere algo de práctica: si es demasiado acuoso, no lo verás sobre el fondant, pero si es demasiado grueso, se agrietará al secarse.

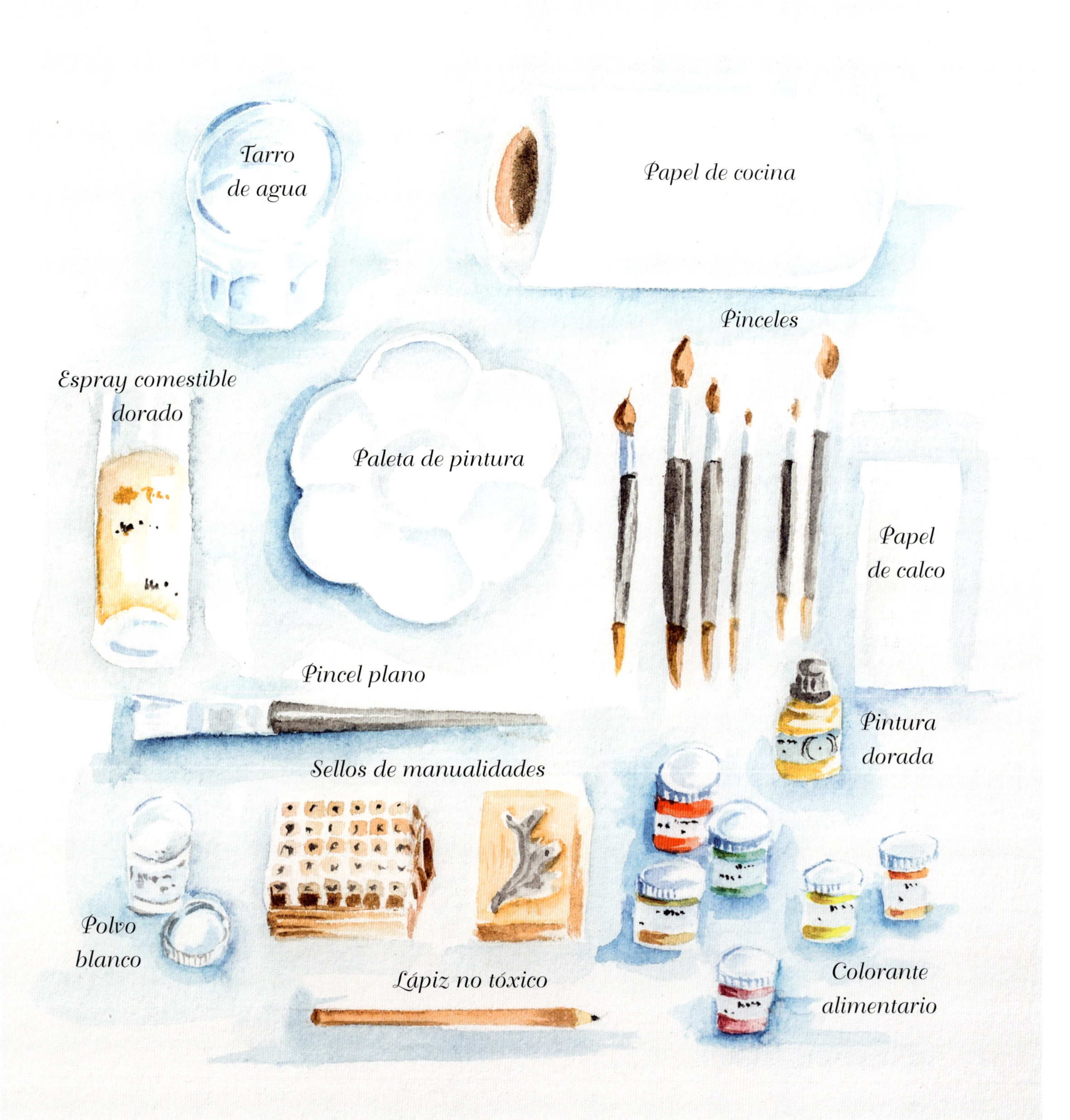
Tarro
de agua
Papel de cocina
Pinceles
Espray comestible
dorado
Paleta de pintura
Papel
de calco
Pincel plano
Pintura
dorada
Sellos de manualidades
Polvo
blanco
Lápiz no tóxico
Colorante
alimentario

Una vez hayas aplicado el blanco, deberás pintar inmediatamente otro color sobre este, o dejar que se seque por completo. Eso es debido a que cuando el blanco se seca, forma una película, y si pintas encima en ese momento del proceso de secado, desprenderás la película (lo mismo pasa con los colores metálicos).

Debes moderarte con el blanco y emplearlo solo para pequeños toques en áreas limitadas. Decolorará cualquier color encima o debajo de él, y puede amortiguar el dibujo si usas demasiado. A menudo mis estudiantes creen que no han conseguido suficiente valor tonal en una flor, se vuelven locos intentando rectificarla con el blanco, pero eso solo se traduce en que su dibujo acaba volviéndose terriblemente soso.

Una advertencia: Si pintas con blanco encima de un fondant teñido de color oscuro (o incluso de cualquier otro color) el color de fondo se infiltrará, y a veces aparecerán colores que no esperabas. Una vez pinté sobre fondant gris, y las flores que estaba pintando ¡se volvieron azules! Así que si planeas hacer un diseño con fondant teñido, haz algunas pruebas antes para tener total seguridad de que la paleta de colores que has elegido funcionará.

Lápices no tóxicos: La mayoría de lápices que compres en tiendas de manualidades están hechos de grafito y no son tóxicos, pero infórmate de la composición de todos los lápices que quieras emplear en un diseño.

Papel de calco: Puedes comprarlo en una tienda de material artístico, o emplear papel sulfurizado.

Sellos de manualidades: Puedes comprarlos en tiendas de material artístico. Asegúrate de usarlos solo para decorar pasteles.

Paleta de colores comestibles

KitchenAi

— Capítulo 2 —

técnicas de diseño y pintura

CÓMO EMPEZAR

En este capítulo te mostraré las técnicas y prácticas generales de la pintura sobre fondant. Describiré diversos métodos para transferir diseños. Cuando ya confíes en tus capacidades, te animo a que pintes con la técnica a mano alzada, pues ayuda a crear un toque más suelto, más expresionista; pero deberías emplear la técnica que te facilite más el proceso. Mi lema es usar cualquier técnica si el resultado vale la pena (solo en cuestión de pintura, claro, no en mi vida privada, aunque también fue así alguna vez...).

Aquí te enseñaré cómo diluir tu pintura para obtener la consistencia correcta. También aprenderás cómo mezclar tonos (una de las habilidades más importantes que hay que dominar) y cómo añadir interés a un diseño iluminándolo u oscureciéndolo. Tus pinceles son tus herramientas más importantes, y te daré consejos sobre cómo cuidarlos bien para sacarles el mayor partido (o tendrás que cambiar de pinceles en cada proyecto). Todas estas habilidades las emplearás en los diversos proyectos. Encontrarás métodos y detalles más concretos en cada proyecto, pero lee con atención las siguientes notas para comprender bien las técnicas: hasta que no las domines, sigue consultando este capítulo.

Mejor usar el tono más claro de marrón

Guías de posición en el pastel

CREA TU DISEÑO BÁSICO

Antes de empezar a pintar un diseño sobre un pastel, esbozo círculos muy claritos para indicar dónde colocar las flores (u otros elementos). Me parece difícil empezar a pintar sobre un lienzo totalmente blanco; es como si mi mente funcionara mucho mejor si ya hay una marca sobre el fondant. A menudo veo que mis estudiantes tardan más de 10 minutos en hacer su primera marca sobre el fondant: se quedan parados, mirando el pincel y el pastel una y otra vez, con cara de angustia. Entiendo lo abrumador que puede ser eso, pues yo aún me pongo nerviosa cada vez que emprendo un nuevo diseño. Pero eso también forma parte de la emoción de pintar sobre fondant. Así, creando un esbozo, ya has manchado tu lienzo inmaculado, y cualquier marca que añadas será para mejorarlo. Bueno, esta es mi lógica.

La segunda razón es mucho más práctica, y es que necesitas crear un esbozo antes de implicarte en un diseño. No querrás empezar a trabajar en tu último grupo de flores y descubrir que has dejado demasiado espacio entre ese grupo y el siguiente. O peor aún, descubrir que no hay espacio entre las flores que has pintado para añadir los elementos finales sin que se vea demasiado abarrotado.

Así pues, deberías crear siempre un esbozo primero, pero incluso si sigues este consejo, prepárate para que las cosas cambien a medida que avanzas con el diseño. Pintar es un proceso fluido, y el espacio entre los grupos del diseño se alterará ligeramente a media que crees todos los elementos que lo componen. Pese a ello, la diferencia espacial será mucho menos pronunciada si usas un esbozo.

Puedes pintar tu guía en cualquier color, pero piensa en cómo afectará eso al diseño final. Casi siempre pinto mis guías de color marrón muy diluido en agua. La experiencia me ha enseñado que se mezcla con la mayoría de colores que uso. Una guía rosa va genial con las flores, pero desentonará con el verde de las hojas, creando un color turbio. El marrón clarito que uso se mezcla con los otros colores y solo añade tonalidad en lugar de pelearse con mi paleta.

Al pintar flores con pétalos largos, como las rosas, no es necesario borrar las guías: pinta sobre ellas. Sin embargo, con flores más pequeñas (como los nomeolvides) o con muchos pétalos pequeños (como las margaritas), deberías limpiar las líneas antes de pintar. El trazo marrón clarito puede aparecer en los huecos entre los elementos y afectar a la apariencia del diseño.

Esbozo a lápiz no tóxico

Esbozo pintado

Calcar un diseño sobre fondant

CALCAR UN DISEÑO SOBRE UN PASTEL

Aunque siempre marco un esbozo de dónde aparecerán los elementos principales en mis diseños, no es algo definitivo y solo muestra una guía de posición. Suelo pintar flores u hojas «a mano alzada»: así es como defino el hecho de pintar sin un esbozo detallado del tema, dejando que la apariencia final la dirija el movimiento de mi mano. Así, si estoy pintando una rosa en un pastel, puedo pintar un círculo (como en la página opuesta) para saber dónde colocar la rosa, pero esa será la única guía que utilice. El resto se pintará a mano alzada: uso mi pincel para crear los pétalos en lugar de hacer primero un esbozo de una flor y luego «colorearla». Trabajando a mano alzada puedo realizar un diseño con más vida, más movimiento y más personalidad en la pieza acabada.

Dicho esto, entiendo que como principiante, la idea de pintar a mano alzada te parezca muy intimidante. Si la idea de emplear una guía mucho más detallada y planificada te atrae, hazlo. Tal como digo a mis alumnos, tienes que hallar el método más fácil que te permita pintar, y puede que dibujar el contorno de una flor primero te dé más confianza. Es mejor pintar así que no pintar en absoluto.

Puedes pintar la forma de la flor y sus pétalos con pintura marrón diluida, o con un lápiz no tóxico. Si al principio dibujar una flor (o cualquier otro elemento) te parece demasiado difícil, puedes calcar un diseño sobre el fondant. Suelo usar este método para pintar una figura o un animal: el calco garantiza que el elemento se ajuste al pastel y tenga las proporciones correctas.

Para calcar, coloca un papel de calco sobre el diseño que desees copiar y marca el contorno con un lápiz no tóxico. Luego gira el papel de calco y resigue el contorno que acabas de hacer. Procura marcar bien este otro lado, pues estas serán las líneas que se marcarán sobre el fondant. Luego gira el papel de nuevo del lado original y colócalo con cuidado sobre el fondant. Presiona de nuevo con el lápiz las líneas del diseño. Después de perfilar una pequeña parte, comprueba que el dibujo se está calcando sobre el fondant. Si no es así, vuelve a intentarlo presionando un poco más fuerte con el lápiz. Si las marcas siguen sin aparecer, entonces deberás apartar el papel del fondant, marcar más fuerte las líneas con el lápiz en el reverso del papel, y volver a intentarlo. Cuando estés dibujando tu diseño sobre el pastel, procura no apoyarte sobre el fondant ni presionar demasiado fuerte con el lápiz, pues podrías formar bultos en la superficie.

Demasiado líquido/brillo

Colores corridos

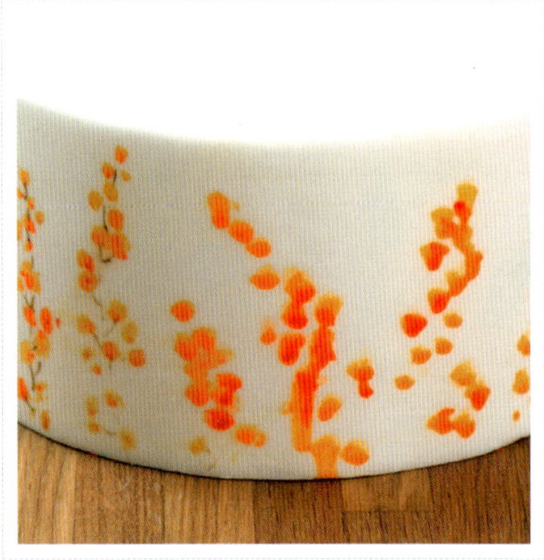

Colores que gotean

USAR AGUA EN LUGAR DE ALCOHOL

La mayoría de decoradores que pintan sobre fondant te aconsejarán que utilices un alcohol claro, como el vodka, para diluir la pintura. La gente a menudo supone que así se evita la contaminación de gérmenes, pero en realidad es porque el alcohol se evapora más rápido y no humedece el fondant. Sin embargo, si vas a pintar mucho, comprobarás que puedes gastar fácilmente una botella de vodka con solo unos pocos pasteles (no porque sea un pasatiempo estresante). Así que para controlar mis gastos, empecé a utilizar agua hervida, y si puedes dominar mi técnica, resulta igual de buena y mucho más barata. El truco es usar tu pincel con tan poco líquido en sus cerdas como puedas: tendrás que retirar constantemente el exceso de líquido con papel de cocina, o raspar el agua sobrante del pincel en el borde del bote de agua.

Siempre tengo uno o dos alumnos por clase a quienes les parece imposible pintar con este estilo «en seco» (volviendo al concepto de la «mano» propia, estos estudiantes poseen una técnica pictórica especialmente húmeda). Si prefieres esa técnica, entonces intenta por todos los medios usar alcohol para diluir tus colores.

USAR DEMASIADO LÍQUIDO

Los indicios que te muestran que has usado demasiado líquido para diluir tu pintura son estos:

- La pintura en la superficie del pastel se ve demasiado brillante y tiende a formar manchas en lugar de las pinceladas limpias requeridas.
- Los colores empiezan a correrse y mezclarse. Cuesta crear diferencias tonales porque la pintura está tan húmeda que cualquier tono más oscuro que pintes sobre el tono más claro se diluye.
- Al intentar pintar tonos más oscuros, el color aplicado anteriormente se desprende porque el fondant de debajo está demasiado húmedo como para absorber la pintura.
- Los colores gotean y caen por los laterales del pastel. La pintura del pastel tarda más de 10 minutos en secarse totalmente o es ligeramente viscosa al tacto.
- Cuando acabas de pintar y se ha secado todo, desliza suavemente tus dedos sobre la superficie: debería ser lisa al tacto. Las depresiones o «cráteres» bajo la pintura indican que has usado demasiado líquido y se ha fundido el fondant. Eso no tiene arreglo, así que intenta usar menos agua la próxima vez.

Mezclar tonos

Rueda de colores

MEZCLAR Y USAR TONOS

Para crear el efecto de luz y sombra en cualquier diseño, debes colocar la pintura en capas de colores y tonos. El color o el tono más claro siempre es la primera capa que se pinta, y los colores y tonos más oscuros se van añadiendo encima.

Para perfeccionar la técnica pictórica descrita en este libro, es importante crear los tonos más claros de un color concreto diluyendo la pintura, en lugar de añadir polvo blanco (como ya dije antes, usar demasiada pintura blanca puede conllevar un diseño soso y sin matices).

Deja secar cada capa de color antes de pintar encima la siguiente capa, o ambas capas empezarán a mezclarse y perderás la definición entre los tonos.

CÓMO MEZCLAR UN TONO

1 Moja un pincel húmedo en el bote del color elegido y luego desliza sus cerdas sobre la paleta para transferir la pintura.
2 Limpia todo el color de tu pincel golpeándolo de un lado a otro dentro del bote de agua: no presiones el pincel alrededor del fondo del bote, o estropearás las cerdas.
3 Ahora, con el pincel lleno de agua limpia, frota las cerdas sobre una zona limpia de la paleta. Así tendrás un charquito de agua en la paleta.
4 Toma con el pincel un poco del color transferido previamente a la paleta y luego añádelo al charquito de agua.
5 Repite esto cuantas veces sea necesario, añadiendo color al agua hasta crear el tono que necesites.
6 Con este método debería ser sencillo formar cualquiera de los tonos que necesites. No lo intentes a la inversa (añadiendo agua al color), pues te será imposible crear tonos claros.
7 A medida que trabajes en los proyectos de este libro, deberás crear por lo menos tres tonos diferentes de cada color empleado para cada elemento del diseño. Con los colores muy claros (como el amarillo), esto no será posible, pero puedes evitar este problema empleando un color «armónico» como tono más oscuro. Los colores armónicos son los adyacentes en la rueda de colores, así que si quieres pintar una flor amarilla, puedes utilizar naranja, e incluso rosa para crear un tono con la profundidad que necesitas para conseguir un diseño atractivo. Si estás pintando hojas amarillas, entonces puedes usar el verde como tono más oscuro, pues este es un color armónico con el amarillo.

Iluminar

Oscurecer

Zonas sin pintar

ILUMINAR Y OSCURECER

Si eres totalmente principiante en la pintura, supongo que tu última experiencia artística debía ser en la escuela. También apuesto a que en algún momento de tus clases de arte te encargaron un dibujo (con carboncillo y tiza blanca) para enseñarte la teoría de la iluminación direccional. Puede que dibujaras una esfera, una caja y posiblemente un triángulo, todos situados bajo una potente luz. Un lado de esos objetos era blanco, donde les daba la luz, y el lado en la sombra era negro. Tu profesor recalcó que en los próximos dibujos o pinturas deberías considerar el efecto de la luz en el tema, lo cual es cierto (no quisiera enojar a los profesores de pintura), pero en realidad hay muchas fuentes de luz diferentes que dan sobre un objeto. Así que cuando trabajes en los proyectos de este libro, no imagines tu ramo de flores situado bajo una luz brillante. Eso no significa que no debas usar luces y sombras en tus diseños, claro que debes hacerlo. Si no lo haces, el resultado será plano y poco interesante. Ten en cuenta las fuentes de luz que aporten a tu diseño un estilo más natural.

En la mayoría de proyectos indico que deberías «iluminar flores y hojas». Normalmente estas partes se pintan en blanco para representar áreas que reflejan la luz del sol. Pero recuerda que la fuente de luz procederá de muchas direcciones diferentes, así que no ilumines el mismo lado de cada hoja o flor.

Por otro lado, te instruiré para que «oscurezcas» o sombrees un elemento concreto del diseño, para representar un área en la sombra. Si una hoja se ha pintado de modo que parece estar parcialmente oculta por otra hoja o flor, entonces el área donde se sobreponen será la parte más oscura de la hoja. Usa la misma teoría donde se sobrepongan pétalos, y recuerda que a menudo el área del pétalo más cercana al centro de la flor también estará en la sombra.

DEJAR ZONAS SIN PINTAR

En lugar de llenar todo el diseño con elementos (como un puzle para colorear por números, donde hay que colorear cada sección), intenta dejar algunas zonas en cada diseño libres de color. El área libre de pintura será (naturalmente) la base de color del fondant, normalmente blanco.

Hay dos razones diferentes para esto. Primero, la zona sin pintar de la base de fondant actuará de tu tono más claro, representa el área de una flor o una hoja que refleja la mayor luz posible, y así habrá más contraste con los tonos más oscuros. El resultado es una flor con más profundidad y un toque más realista, y fundamentalmente conseguirás tu tono iluminado más claro de gratis.

En segundo lugar, si pintas meticulosamente cada milímetro de una flor, no das cabida a la imaginación; estás presentando a tu público la representación de tu percepción de lo que es una flor. Si has pintado una flor perfecta, no hay problema, pero desgraciadamente la mayoría de la gente (incluida yo, y mucho), no son capaces de alcanzar este nivel artístico. Si dejas zonas sin pintar en una flor, quien la mire usará inconscientemente su imaginación para llenar los vacíos y el diseño parecerá más perfecto a sus ojos que como es en realidad. Básicamente, menos es más: tus diseños tendrán mejor aspecto si no los pintas en exceso.

TIEMPOS DE SECADO

Si has estado pintando sin emplear demasiado líquido, verás como cada capa de color no tardará más de 10 minutos en secarse (si tu pintura tarda mucho más que eso, probablemente has preparado los colores con demasiada agua). Recuerda, retira todo el líquido posible del pincel con un trozo de papel de cocina antes de empezar a pintar, así el trazo será más seco, es más adecuado para la técnica empleada en estos proyectos.

Cuando pinto grupos de flores en un pastel, normalmente primero acabo el primer grupo antes de avanzar: no añado la capa de color inicial a varias flores, sino que me concentro en el primer ramillete del diseño. Una vez las flores me parecen lo más perfectas posible, y tengo una idea en mi cabeza sobre cómo hacer cada brote, pinto el resto de las flores paso a paso. Después de ver el aspecto del primer grupo de flores, me sentiré más a gusto para pintar el tono suave inicial de las flores y hojas restantes, y disfrutaré creando las otras capas, una por una, por todo el diseño. Esto ayuda a que (salvo en el primer grupo) cada capa de color se haya secado antes de pintar los tonos más oscuros en el resto del diseño.

Como la capa final de color es la más oscura, y por tanto, la menos diluida, normalmente es color en pasta puro, y requiere mucho más tiempo para secarse por completo. Teniendo en cuenta esto, siempre dejo secar los pasteles o las galletas pintados durante la noche. Pero a veces (incluso pasado este tiempo) algunas áreas pintadas con el color puro pueden estar aún pegajosas al tacto. Como siempre uso solo una pequeña cantidad de color fuerte en mis diseños (incluidos los de este libro), esto nunca ha constituido un problema en mis pasteles o cupcakes. Sin embargo, puede ser un problema con las galletas que quieras envolver en bolsas de celofán, pues la pintura húmeda o pegajosa podría manchar y

Galletas envueltas

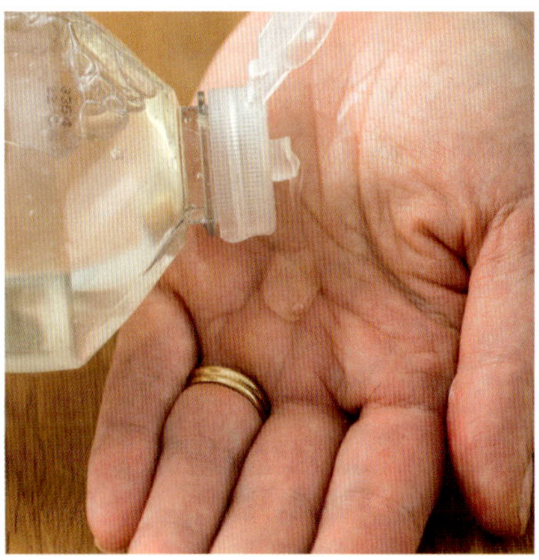

Usa un poco de jabón

Coloca suavemente las cerdas en punta

pegarse en el envoltorio. Para evitarlo, antes de envolver las galletas retira el exceso de pintura con un poco de papel de cocina, luego introduce suavemente la galleta en la bolsa de celofán, apartando el lado pintado de la superficie de la bolsa. Procura que la galleta esté lo más dentro posible de la bolsa, y cierra el envoltorio con una cinta. Una vez atada así, la galleta no debería moverse dentro del envoltorio ni hacer manchas.

USAR EL PINCEL CORRECTO

Como dije en el capítulo anterior, para todos los proyectos solo necesitarás los tres tamaños de pincel recomendados: 8, 4 y 0. Cuando trabajes en los diversos proyectos de *Pasteles pintados*, te recomendaré qué pincel usar en las diferentes áreas del diseño. Siempre es mejor usar un pincel más grande que uno más pequeño, pues te será más fácil crear las marcas que formarán una hermosa obra de arte. Si usas un pincel demasiado pequeño, tu pintura se verá recargada y embrollada. Cuando trabajo en un pastel grande de varios pisos, uso un pincel del 8, incluso para los detalles finos. Si al pintar cosas pequeñas (como tallos o puntitos), ves que tus marcas se ven muy grandes, debes cambiar inmediatamente a un pincel más pequeño (procura volver a usar un pincel más grande cuando te pongas a pintar de nuevo los detalles grandes).

CUIDA TUS PINCELES

El medio sobre el que estás trabajando es básicamente azúcar, y eso puede volver las cerdas de tu pincel muy pegajosas. Esta viscosidad hará que muy pronto las cerdas se separen y pierdan su forma (una buena razón para no gastar mucho dinero en tus pinceles). Prolongar la vida de tu pincel es muy sencillo: cuando acabes de pintar, lava los pinceles con agua fría limpia (no uses agua caliente, pues destruye las cerdas), luego vierte una pequeña cantidad de lavavajillas sobre la palma de tu mano y frota suavemente las cerdas con el jabón con movimientos circulares: no lo golpees. A continuación, con las puntas de los dedos, vuelve a formar la punta del pincel. Finalmente deja secar el pincel derecho, con la punta hacia arriba, en un bote: lo ideal es dejarlo como mínimo una noche antes de usarlo de nuevo. Cuando quieras volver a pintar, aclara con cuidado el jabón de las cerdas y verás como el pincel ha recuperado su forma original.

No muevas la mano

NO MUEVAS LA MANO

Lo creas o no, aunque vivo de pintar, las manos me tiemblan bastante: no puedo aguantar una taza de té sobre un plato sin que se oiga un intenso tintineo. Pero gracias a la práctica he aprendido a controlar ese temblor cuando pinto. Si estoy pintando un pastel de un solo piso, primero coloco el pastel derecho sobre una mesa para pintar la superficie. Mientras pinto, estoy sentada en una silla (mejor que de pie) y apoyo mi codo sobre la mesa para dar estabilidad a la mano que pinta. Cuando tengo que pintar el lateral, coloco el pastel sobre un plato giratorio y, de nuevo, apoyo mi codo sobre la mesa. A menudo la palma de mi mano toca el pastel (esto es algo casi inevitable), pero me aseguro de no presionarlo, pues abollaría el fondant. Si creo que corro el peligro de apoyarme con demasiada fuerza sobre el fondant, sujeto la muñeca de la mano que pinta con la otra mano, y esto mantiene la mano que pinta bastante estable. Si te sigue costando pintar el lateral del pastel, puede que te resulte más fácil utilizar un plato giratorio con inclinación, que mantendrá el pastel a un ángulo más adecuado para pintar.

Cuando pinto pasteles de varios pisos, normalmente necesito levantarme para pintar la parte superior del piso más alto. Esto puede ser algo complicado, porque con los pasteles más altos, la mesa está bastante más abajo que la superficie que pintas, así que no hay dónde apoyar el brazo. De nuevo, para tener estabilidad puedes sujetar la muñeca de la mano que pinta con la mano opuesta. Sea cual sea el método que uses, asegúrate de no abollar el fondant.

Pintar flores y hojas

A medida que trabajes los proyectos de este libro, te daré instrucciones específicas para crear las flores y hojas de cada diseño, pero hay algunas reglas generales que te ayudarán a pintar pasteles.

USAR UNA REFERENCIA

Raras veces pinto sin usar una referencia, pues el cerebro puede jugarte malas pasadas fácilmente. Puede que creas saber cómo es una rosa, pero si intentas pintar una de memoria, el resultado será una flor de aspecto un poco extraño. Tengo muchos archivadores y carpetas que atestan mi despacho, todos repletos de páginas arrancadas de revistas, tarjetas de cumpleaños viejas o retales de ropa que uso constantemente como referencias para mis diseños.

Al trabajar con los proyectos de este libro, verás imágenes paso a paso que te mostrarán cómo pintar los elementos de cada diseño. Yo creo hojas similares para las clases, para que mis alumnos puedan usarlas durante la lección. He notado que la mayoría de ellos nunca miran esa referencia, y si lo hacen, es solo un vistazo rápido. Ese no es el modo correcto de usar una referencia. Mi norma general es que si pintas durante cinco minutos, pases como mínimo la mitad de este tiempo estudiando la referencia. De este modo tendrás tiempo de estudiarla bien y pintarás lo que ves en lugar de lo que crees que ves. Cuando tengas confianza en tu destreza al pintar, puede que quieras crear tu propio diseño. Busca algunas referencias de las flores que desees pintar y trabaja a partir de ellas. Es triste, pero es la pura realidad, un diseño pintado nunca es tan hermoso como la referencia de la que se ha sacado (aquí también hablo por mí), así que si eliges un dibujo de una flor horrible o extraña, hay muchas probabilidades de que tu dibujo sea aún más horrible y extraño. Selecciona las referencias con cuidado: elige bonitos dibujos de hermosas flores, o incluso compra un ramo en la floristería y píntalas: tu diseño será fabuloso.

PERFECCIONAR PÉTALOS

Usa el pincel para crear los pétalos. Puede sonar obvio, pero a menudo veo a mis alumnos hacer marcas pequeñas e indecisas, o pintar un esbozo para luego «rellenarlo». Cuanto más libres sean tus marcas, más agradable a la vista será tu dibujo. Si pintas flores grandes, mueve todo el brazo; para diseños de todos los tamaños, mantén tu muñeca siempre en rotación. Detente de vez en cuando para asegurarte de no encorvar los hombros, pues eso daría a tu pintura un toque de tensión (y en este caso, la tensión no es buena). Intenta usar un máximo de tres pinceladas para cada capa de color en un pétalo; si haces más, la flor empezará a verse sobrecargada. Haz que cada pétalo de una flor se vea un poco diferente. Una flor real nunca tendrá pétalos idénticos. El espacio entre estos pétalos también variará: algunos tendrán un espacio más grande, mientras que otros se solaparán. Si pintas cada pétalo del mismo modo, con un espacio del mismo tamaño entre ellos, acabarás pintando una flor de apariencia muy estilizada y rígida.

TAMAÑO COHERENTE DE LAS FLORES

Si cubres un pastel de flores pintadas, el tamaño de estas flores debe ser coherente. Cada vez que pintes una flor, mídela con tu pincel o con los dedos y compara su tamaño con la primera flor que has pintado para garantizar una coherencia. Otra opción es hacer una pequeña plantilla del tamaño de la flor e ir comparando tus flores con ella para asegurarte de no aumentar o disminuir el tamaño. Para ello, corta un círculo de papel del tamaño de la primera flor y utilízalo como referencia.

FLORES DE TODOS LADOS

Para añadir más variación en un diseño, deberías pintar flores desde diferentes ángulos: puedes pintar una vista directamente encima de la flor, otra desde un ángulo lateral (de modo que no puedas ver el centro de esa flor), e incluir variaciones entre ellas. No olvides pintar también los brotes y los capullos medio abiertos de una flor en concreto para darle un toque más interesante.

ROSAS LATERALES

1 Cuando empieces a pintar una rosa, empieza por los pétalos de arriba, el del centro deberá ser el punto más alto de la flor. Los pétalos del centro deberían pintarse con un trazo hacia abajo, pero los de los lados deberían doblarse hacia dentro. Al hacer las pinceladas, haz más presión sobre las cerdas al principio de la marca, afloja la presión gradualmente y separa el pincel del fondant llevándolo al final del trazo. A esta técnica yo la llamo técnica de «barrido», y pintar de este modo crea una marca más suave, con mucho movimiento, y un acabado más natural a la flor.

2 Después de acabar de pintar el centro de la rosa, pinta los pétalos laterales. Son más grandes que los del centro y se extienden sobre la parte frontal de la rosa: el centro de estos pétalos será más grueso que las puntas. Debes procurar no crear una línea fuerte de pétalos, y no olvides dejar algunas áreas sin pintar para representar las zonas luminosas.

3 Cuando doy clase, la mayoría de mis alumnos tienden a acabar sus rosas en este punto. El resultado son unas flores que parecen aplastadas, porque han olvidado añadir los pétalos de la base. Los pétalos de la base son dos o tres pétalos muy grandes que puedes hacer con una o dos marcas de pincel por pétalo.

4 Ahora has creado la forma de una hermosa rosa en un tono base claro. El próximo paso es añadir el centro en un tono más oscuro. El error de la mayoría de la gente es pintar el centro demasiado alto o demasiado bajo. La base del centro debería estar justo en el punto central de la flor, y el resto del centro se pinta con marcas que parten de dicho punto. Todos los pétalos que pintes en el centro deberían reflejar la forma de la primera capa de pétalos que has pintado.

5 Cuando añadas las capas tonales a la rosa, procura no pintar directamente encima de las marcas que ya has hecho: haz tus nuevas marcas en un ángulo ligeramente diferente, cambia el tamaño, o inclínalas un poco. Cada marca tendrá el aspecto de un pétalo, así que cuantas más marcas hagas, más pétalos parecerá que tenga la rosa.

ROSAS FRONTALES

1 Esta rosa está pintada de tal forma que parece que estás mirando su centro desde arriba. La forma de este tipo de rosa es muy circular, sin embargo, las formas de los pétalos que la bordean deben ser diferentes.

2 Uno de los problemas que mis alumnos suelen encontrar en este tipo de rosa es cómo hacer el centro. Tienden a pintar círculos de color en lugar de un centro oscuro que se aclara gradualmente.

ROSAS LATERALES

Pétalos superiores

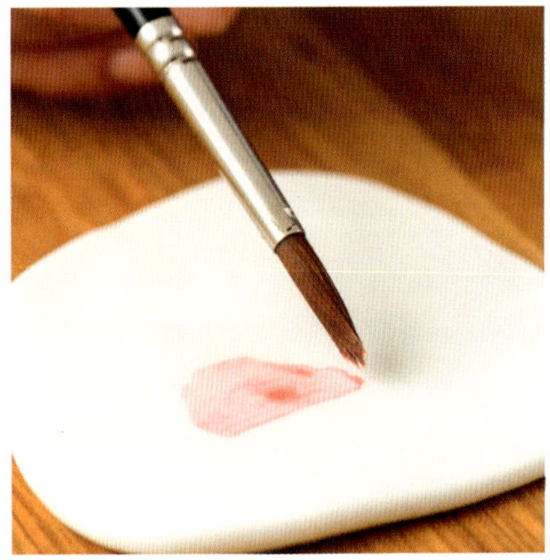

Técnica de barrido

Pétalos laterales

Pétalos de la base

Pétalos centrales muy altos

Tonos

ROSAS FRONTALES

Pétalos exteriores

Mal pintado: anillos uniformes

Bien pintado

CAPULLOS DE ROSA

Muy pequeños

Muy grandes

Correctos

FLORES Y HOJAS

Pétalos diferentes

Mantener forma coherente

Margaritas bien espaciadas

Espacio demasiado uniforme

Centros pintados de flores abiertas

Hojas bien pintadas

CAPULLOS DE ROSA

1 Si pintas capullos de rosa, ten en cuenta el tamaño de una rosa abierta: no deben ser ni demasiado grandes ni demasiado pequeños (sí, como Ricitos de Oro).

FLORES CON CINCO PÉTALOS

1 Son flores como los nomeolvides, las flores de cerezo, las campanillas o simplemente flores de relleno genéricas. Deberás tener en cuenta la forma del pétalo: ¿Es redondo, puntiagudo, o en forma de corazón? Aunque debas crear ligeras diferencias entre cada pétalo de una flor concreta, tienen que coincidir bastante en forma; no pintes una flor de cerezo con cuatro pétalos muy redondos y uno muy puntiagudo, es mejor cuatro pétalos redondos y uno ligeramente puntiagudo.

2 Otro gran error que comete la gente con este tipo de flores es la coherencia de tamaño. Todas las flores de un ramo de nomeolvides serán más o menos del mismo tamaño, no debería haber una flor el doble de grande que las otras. Cuando las pintes, toma como referencia las primeras flores que has pintado y compara los tamaños.

MARGARITAS O CRISANTEMOS

1 Estas son flores abiertas y formadas por muchos pétalos largos y finos. No uses más de tres pinceladas para crear los pétalos de estas flores, y para margaritas pequeñas, solo uno u dos. Empieza el trazo en la punta exterior del pétalo y mueve el pincel hacia el centro de las flores con la técnica de barrido (ver «rosas laterales», pág. 38). Asegúrate de que cada pétalo tenga una forma algo diferente y que el espacio entre ellos varíe.

2 Cuando pintes el centro de estas flores, no añadas detalles ni sombras en un círculo completo alrededor del borde del centro. Elige un área donde añadir más detalles y deja algunas áreas sin pintar.

3 El método anteriormente descrito es como pinto naturalmente este tipo de flores, aunque muchos de mis alumnos prefieren pintar el centro primero y luego los pétalos. Si te parece un modo más natural de pintar este tipo de flor, no dudes en usarlo.

PINTAR HOJAS

Personalmente, creo que un diseño solo cobra vida una vez he añadido las hojas. ¿Parezco una especie de señora loca por las hojas? Puede que sí. No te centres en las flores (aunque sean por naturaleza lo más destacado del diseño) en detrimento de las hojas y los tallos que las sustentan. Añadir hojas puede crear movimiento y aportar interés a un diseño, y también pueden agrupar otros elementos, creando mayor coherencia en un patrón. La regla más importante que hay que recordar al pintar hojas es pintar siempre en la dirección de las venas. La mayoría de hojas tienen una vena central que discurre por el centro de la hoja y venas más pequeñas que se ramifican, así que cualquier marca que hagas al pintar hojas debe reflejar esto. Pero no intentes recrear un dibujo de botánica, con todas y cada una de las venas y sombras de la hoja. Puedes pintar una hoja con solo una o dos pinceladas, pero incluso estas marcas deberían imitar las venas. No pintes líneas que vayan en dirección opuesta a las venas naturales de una hoja.

Asegúrate siempre de que la forma de la hoja que pintes sea similar a la de la flor que estás pintando: te sorprendería saber lo a menudo que una hoja incorrecta sobresalta inconscientemente al observador. Por ejemplo, si estás pintando una hoja de rosa, deberá tener un borde ligeramente dentado; una hoja de margarita es larga y fina, las hojas de hortensia son redondas y gruesas.

Pintar el lateral de un pastel

Muchos proyectos de este libro son diseños que cubren todo el pastel, es decir, no solo la superficie, sino también los lados. Cuando trabajes en esos diseños, necesitarás ser especialmente consciente de los problemas que pueden surgir al pintar diseños que se extienden por los lados del pastel.

El diseño fluye...

... por todo el lateral...

... y la superficie del pastel

La mayoría de flores son bastante circulares: piensa en una margarita o un crisantemo. Pero si pintas un círculo preciso y real que se extiende sobre un borde y lo miras bien, parecerá achatado pese a ser perfectamente redondo: es una ilusión óptica causada por el ángulo del borde que interrumpe la forma. Deberás considerar este efecto al pintar, y solventarlo, alargando la forma circular de las flores ligeramente, tanto en la superficie como al bajar por el lateral del pastel, hasta que se vea correcto (a pesar de ser un óvalo). Si marcas tus flores sobre un pastel, sé consciente de este tema, y prepárate para cambiar las flores ligeramente del esbozo original cuando empieces a pintarlas.

Otro problema común: he visto a mis alumnos esforzarse al añadir flores en el lateral de su pastel, pues encuentran difícil seguir pintando los elementos del diseño en diferentes direcciones. Acaban pintando todo ascendiendo verticalmente desde la base. Aunque sea cierto en la vida real, al pintar un pastel deberás mostrar las flores o los tallos creciendo en más de una dirección, o el diseño parecerá demasiado artificial. El lateral de tu pastel debería incluir por lo menos un par de brotes que van hacia abajo. La mayoría pueden ir hacia arriba, pero deberías procurar doblarlos un poco.

No pintes tan solo grupos enteros de flores en el lateral del pastel (ni siquiera solo flores enteras). Es deseable (yo incluso diría necesario) incluir pequeños fragmentos de las flores, como la punta de algunos pétalos o un tallo con algunas hojas. Esto dará la impresión de que el diseño se ha realizado fuera del límite del fondant en lugar de acabar donde termina el pastel.

De hecho, te recomiendo que no dejes un espacio sin pintar alrededor de la base del pastel, sino que lo pintes justo hasta el borde. Si accidentalmente marcas la base del pastel cubierta, puedes limpiarla fácilmente antes de acabar, o incluso puedes pintar tu pastel y luego trasladarlo a una base limpia.

Solución de problemas

El proceso que más impresiona a mis alumnos es con qué facilidad puedes borrar marcas en el fondant. Les encanta saber que cualquier error que hagas no tiene que permanecer ahí para siempre (o hasta que una persona amable pase por allí y se coma la evidencia).

Aplica agua en el área afectada

Seca bien el pincel

Retira el color

CÓMO SOLUCIONAR ERRORES

Es realmente importante entender que los errores son una parte totalmente normal del proceso: en algún momento de cada proyecto resbalas, o no te gusta la forma o el color de un elemento. Y eso está bien. Realmente no hay errores que no puedas rectificar, incluso si tu último recurso es rasparlo todo y volver a empezar. Cuando estudiaba, uno de los ejercicios que parecía ser el favorito de mi tutor era elegir una obra de la que no estuvieras satisfecha, romperla y luego utilizarla para hacer un collage. Evidentemente, esto es imposible con un pastel cubierto de fondant, pero el principio es el mismo: los errores siempre son caminos hacia un nuevo final. Siempre me equivoco (a mi marido le digo lo contrario), así que es crucial tener un método minucioso y seguro de rectificar mis errores y arreglar las cosas.

1. Llena tu pincel de agua limpia (asegúrate de que no quede color en el pincel). Puede que te sea más fácil usar un pincel del 8 que otro más pequeño.

2. Aplica suavemente el agua sobre el área que desees retirar. Procura que no caigan gotas por los lados del pastel: puede que te ayude tener algo de papel de cocina a mano por si acaso.

3. Limpia tu pincel y sécalo con el papel de cocina. Usa el pincel seco para retirar el color aguado de tu pintura. Luego limpia todo el color del pincel y sécalo de nuevo.

4. Sigue repitiendo los pasos anteriores hasta que el elemento que deseas retirar haya desaparecido. Luego limpia con suavidad la zona mojada con papel de cocina. Procura no manchar partes del dibujo que no has retirado al hacerlo.

5. Si ves que aún queda algo de color, repite el proceso. Cuando la zona ya esté seca, no quedará ninguna marca.

6. A veces puede quedar alguna pequeña marca de agua en el fondant cuando se ha secado el área. Yo normalmente la dejo, pues al acabar de pintar normalmente no la puedes ver. Pero si ha quedado una marca que no te gusta, puedes tomar un trocito de fondant (del mismo color que la base) y frotarlo sobre esa zona, y verás que la marca de agua desaparecerá. Otra opción

Al secarse, no habrá marca

Cúter para rebajar el fondant marcado

es después de completar el dibujo, frotar una pequeña cantidad de harina de maíz (maicena) sobre la marca, y desaparecerá.

7 Puedes borrar errores de este modo incluso días después de pintar, aunque si los dejas demasiado tiempo, deberás esforzarte un poco más para quitar el color.

8 Si hay grietas en la base de fondant, puede que te cueste retirar el color, ya que puede filtrarse en las grietas. Si esto sucede, solo tienes que seguir los pasos anteriores para retirar la mayoría del color, y luego emplear un cúter para rebajar el color restante del fondant.

CÓMO ARREGLAR PROBLEMAS DEL DISEÑO

Cuando enseño, a veces un alumno me pregunta qué está mal en su diseño. A menudo no hay nada mal, solo le falta confiar en su propia mano. Pero a veces hay un pequeño problema, y aunque el alumno puede ver que hay algo que no está bien, no sabe qué es.

Si tienes una duda persistente sobre tu pieza acabada, pero no puedes identificar el problema, aquí tienes algunos métodos para solucionar problemas:

1 Comprueba los diferentes problemas comentados en este capítulo. ¿Las flores tienen el mismo tamaño? ¿Los ramos están distribuidos uniformemente? ¿Hay profundidad tonal en tu diseño? ¿Has usado el pincel correcto? ¿Se ve distorsionado? ¿Hasta qué punto coincide con la referencia empleada? ¿Has estudiado bastante tiempo la referencia, o has pintado de memoria?

2 Aléjate del pastel (venga, no hay nada que ver aquí). Tómate una pausa de 15 minutos: prepárate un té, lee una revista, o sigue mi ejemplo y mira algunos pasteles bonitos en Internet. Al volver a tu diseño, deberías ser capaz de verlo con otros ojos y puede que descubras el problema.

3 Coloca el pastel frente a un espejo: mirar el reflejo de tu diseño en lugar del propio diseño puede ayudar a tu cerebro a no pensar tanto y darle la oportunidad de solucionar el problema (¡agárralo fuerte para que no se te caiga!).

4 Busca una segunda opinión. Si tienes a alguien cerca que puedas llamar, dile que venga a darle un vistazo al pastel, o envíale una foto del pastel a un amigo que sepas que te dará una opinión honesta (alguien con formación artística sería perfecto). Puede que te ayuden a descansar la mente y declaren que es «perfecto», o puede que localicen problemas que hay que tener en cuenta.

5 Piensa en el ángulo de tu cuerpo mientras pintas. Si te sientas inclinándote hacia el pastel, esto podría afectar a tu modo de pintar. Procura sentarse lo más recto posible, de cara al pastel.

6 Visita un optometrista y hazte revisar la vista. Puede que creas que bromeo, pero hablo en serio. Tengo astigmatismo en un ojo y tiendo a dibujar y pintar objetos con una ligera inclinación a la derecha. Al ser consciente de esto, sé que debo compensarlo, así que me vigilo constantemente. He enseñado a alumnos con problemas similares (puede que un ojo sea más fuerte que el otro, o que (como en mi caso) tengan astigmatismo. Si padeces de problemas similares, no te preocupes, pues una vez tomas conciencia del problema, solo tienes que recordar compensarlo al pintar. Y recuerda que hay muchos artistas profesionales que han transformado en una virtud el hecho de no ver del mismo modo que las otras personas.

Capítulo 3

Recetas

RECETAS BÁSICAS

Seguramente resulta evidente, pero todos los proyectos de este libro requieren que prepares pasteles y galletas que luego cubrirás de fondant, listos para tu pincel, así que... ¡a hornear tocan!

De poco sirve pasarse horas (o en algunos casos, días) perfeccionando un diseño y creando un pastel de aspecto estupendo si es incomible. Tu maravillosa creación debe tener una base de exquisito, jugoso y esponjoso pastel que iguale su deslumbrante aspecto. El secreto para hacer que un pastel sepa fabuloso es hornearlo con ingredientes de la mejor calidad que te puedas permitir. Huevos de granja y flor de harina, azúcar sin blanquear, extracto (no esencia) de vainilla y mantequilla de verdad, todo mezclado con un poco de sabiduría, y tendrás a todos (y a todas) en el bote. Pero no te preocupes demasiado si solo puedes permitirte productos básicos: aunque hagas un pastel empleando ingredientes económicos, obtendrás un resultado superior al de un pastel comprado (pero emplea siempre mantequilla sin sal, nunca margarina).

Cualquier pastel firme puede servir para recubrirse de fondant. No hay ninguna receta concreta que debas seguir para hacer los pasteles que vas a pintar, pero las recetas de las siguientes páginas son las que uso más a menudo, pues son fáciles de hacer y su sabor es realmente delicioso. Si tienes una receta de pastel favorita o infalible que siempre te funciona, entonces no dudes en usarla, solo tienes que asegurarte de que el pastel resultante sea lo suficientemente denso como para aguantar el fondant.

Para todas las recetas siguientes deberás usar huevos grandes. Procura que los huevos y la mantequilla estén a temperatura ambiente, pues así será más fácil mezclar los ingredientes al elaborar el pastel.

BIZCOCHO TRADICIONAL

La siguiente receta es la que uso habitualmente porque es muy fácil de hacer y el sabor es realmente exquisito. Se elabora con cantidades iguales de azúcar, mantequilla y harina (50 g/1¾ oz) por cada huevo que se usa. He indicado la cantidad de ingredientes necesarios para hornear un pastel en un solo molde de diferentes tamaños. El pastel se corta en tres capas que luego se rellenan con crema de mantequilla o mermelada.

Puedes optar por hacer tus pasteles en tres moldes (del mismo tamaño); ambos métodos tienen sus pros y sus contras. Con un pastel de un solo piso, usar tres moldes reducirá drásticamente el tiempo de horneado, y hay menos probabilidades de que los pasteles se quemen o queden poco hechos. Sin embargo, como cada capa necesita estar totalmente lisa antes de cubrirse, tendrás que igualar tres pasteles (en lugar de uno), con lo que desaprovecharás mucho más pastel.

Hay otro problema con el método de los tres moldes cuando haces un pastel de varios pisos, con pisos separados de diferentes tamaños (cada piso dividido en tres capas). Con ese método, tendrás problemas de espacio en el horno, porque deberás emplear un molde diferente para cada piso, y solo puedes hornear un solo piso del pastel a la vez (ya que en el horno solo caben tres moldes a la vez). Pero si usas el método de un solo molde, podrás hornear dos pisos de pastel a la vez, así que en ese caso ese será el método más rápido. (No hornees más de dos moldes llenos a la vez, de lo contrario, la cocción sería irregular).

También hay dos formas diferentes de mezclar los ingredientes del pastel. Si haces un pastel pequeño (de 150 mm/6" o menos), o una sola bandeja de cupcakes, el proceso será mucho más fácil si mezclas la masa con una batidora eléctrica de brazo. Pero si haces masa para pasteles más grandes o para gran cantidad de cupcakes, deberás sacar la artillería pesada e invertir en una mezcladora con base.

Tal como dije anteriormente, si tus moldes difieren 1 mm/1/32" en tamaño de lo indicado aquí, eso afectará al tiempo de horneado. Sé consciente de ello y vigila bien tu pastel cuando esté a punto de acabar el horneado.

Cantidades de los ingredientes y tiempos de cocción

Pastel redondo de 100 mm/4": 3 huevos, mantequilla sin sal, azúcar y harina leudante (150 g/5½ oz de cada), 1 cdta. de extracto de vainilla, leche. Cocción: 40-50 min.

Pastel redondo de 130 mm/5": 4 huevos, mantequilla sin sal, azúcar y harina leudante (200 g/7 oz de cada), 1 cdta. de extracto de vainilla, leche. Cocción: 50 min.-1 h.

Pastel redondo de 150 mm/6": 5 huevos, mantequilla sin sal, azúcar y harina leudante (250 g/9 oz de cada), 1 cdta. de extracto de vainilla, leche. Cocción: 1-1¼ h.

Pastel redondo de 180 mm/7": 6 huevos, mantequilla sin sal, azúcar y harina leudante (300 g/10½ oz de cada), 1½ cdtas. de extracto de vainilla, leche. Cocción: 1¼-1¾ h.

Pastel redondo de 230 mm/9": 10 huevos, mantequilla sin sal, azúcar y harina leudante (500 g/1 lb 2 oz de cada), 2½ cdtas. de extracto de vainilla, leche. Cocción: 1 h 50 min.- 2 h 10 min.

Pastel redondo de 250 mm/10": 12 huevos, mantequilla sin sal, azúcar y harina leudante (600 g/1 lb 5 oz de cada), 3 cdtas. de extracto de vainilla, leche. Cocción: 2-2¼ h.

Pastel cuadrado de 100 mm/4": 3 huevos, mantequilla sin sal, azúcar y harina leudante (150 g/5¼ oz de cada), 1 cdta. de extracto de vainilla, leche. Cocción: 40-50 min.

Pastel cuadrado de 150 mm/6": 6 huevos, mantequilla sin sal, azúcar y harina leudante (300 g/10½ oz de cada), 1½ cdtas. de extracto de vainilla, leche. Cocción: 1¼-1¾ h.

Pastel cuadrado de 200 mm/8": 12 huevos, mantequilla sin sal, azúcar y harina leudante (600 g/1 lb 5 oz de cada), 3 cdtas. de extracto de vainilla, leche. Cocción: 2-2¼ h.

Cupcakes

Para una bandeja de 12: 3 huevos, mantequilla sin sal, azúcar y harina leudante (150 g/5½ oz de cada), 1 cdta. de extracto de vainilla, leche. Cocción: 15-20 minutos.

MÉTODO

Engrasa el molde y fórralo con papel de hornear. Precalienta el horno a 190°C/375°F/gas 5/170°C (convección) (si tienes opción de ventilador en tu horno, te aconsejo que la uses, la cocción es más uniforme. Con otros hornos quizá debas girar el pastel para evitar que un lado se haga más que el otro.)

MÉTODO DE BATIDORA DE MANO

(no adecuado para pasteles de más de 230 mm/9")

1 Bate la mantequilla y el azúcar como mínimo 5 minutos. La mezcla debe ser claramente más blanca y esponjosa.
2 Añade los huevos de uno en uno e incorpóralos bien. Si la mezcla empieza a cortarse, añade una cucharadita de la harina y sigue batiendo.
3 Agrega el extracto de vainilla y mézclalo bien.
4 Tamiza la harina sobre la mezcla.
5 Incorpora suavemente la harina con una cuchara grande.
6 Añade la leche necesaria para formar una masa suave. Debería desprenderse fácilmente de una cuchara, pero no la hagas demasiado líquida.

MÉTODO DE MEZCLADORA CON BASE

(no adecuado para pasteles de menos de 150 mm/6")

1 Echa la mantequilla y el azúcar en el cuenco mezclador. Rompe todos los huevos en otro cuenco y agrega el extracto de vainilla, luego pesa la harina en otro cuenco.
2 Bate la mantequilla y el azúcar hasta obtener una mezcla blanca y esponjosa (como en el método anterior).
3 Añade la mitad de los huevos y bate hasta mezclarlos bien.
4 Añade la mitad de la harina y sigue batiendo.
5 Añade los huevos restantes y sigue batiendo.
6 Añade la harina restante y bate hasta mezclar todo bien.
7 Añade la leche necesaria para conseguir la consistencia requerida (ver el método anterior). Usa una espátula para raspar el fondo del cuenco mezclador y llegar a los ingredientes que no se han mezclado, y luego bate por última vez.

Para ambos métodos

Vierte la mezcla en el molde preparado. (Con los cupcakes, divide la mezcla entre las 12 cápsulas, hasta llenar entre ½ y ⅔ de las cápsulas.)

Si tienes una tira de hornear, colócala alrededor del molde. Mete el molde en el horno y hornéalo el tiempo requerido. El pastel estará listo cuando al insertar en el centro un probador de pasteles o un palillo, salga limpio.

Si haces cupcakes, pincélalos con almíbar caliente en cuanto salgan del horno, te ayudará a mantenerlos jugosos (ver pág. 64).

Deja el pastel en el molde 10 minutos y luego voltéalo sobre una rejilla enfriadora. Asegúrate de que esté el lado correcto hacia arriba (sobre la base y no sobre la superficie) o podría agrietarse y romperse en pedazos.

Deja enfriar el pastel por completo, luego retira el papel de hornear, envuelve el pastel en film transparente o guárdalo en un recipiente hermético. Deja pasar una noche antes de rellenarlo y recubrirlo. Si dejas reposar el pastel, no se desmenuzará tanto cuando lo cortes por capas.

PASTEL DE FRUTA

Probablemente se deba al ADN irlandés y escocés que corre por mis genes, pero la verdad es que me encanta el pastel de fruta tradicional. Siempre tengo un pastel de fruta de emergencia en reserva para cuando se me antoja algo dulce (o sea, ¡siempre!). La ventaja es que con el montón de fruta que hay en el pastel, seguramente (sin duda) cuenta como mis cinco piezas de fruta diarias. De vez en cuando me doy el lujo de comer un buen pedazo de este pastel de fruta con una rodajita de queso cheddar curado encima... es sorprendentemente delicioso.

Esta receta se basa en el pastel de fruta tradicional de mi abuelita. Soy muy afortunada por haber heredado su antiguo libro de recortes de recetas: guardó por lo menos 20 recetas de pastel de fruta en sus páginas ahora descoloridas. Pero esta en particular es su receta familiar, usada durante generaciones. Mi madre hizo mi pastel de boda con esta receta, al igual que su madre con el suyo. Pero la he modificado un poco, porque mi abuela era una abstemia redomada y remojaba la fruta en zumo de naranja en lugar de brandy, no sé si hubiera aprobado mi extensa colección de alcohol (toda para fines reposteros, por supuesto).

Una de las fantásticas peculiaridades de un pastel de fruta es que realmente puedes jugar con los ingredientes. No es necesario que uses la misma fruta que yo he usado. Deja volar tu imaginación; solo procura emplear el mismo peso total de fruta que en la receta original. Puedes sustituirla por arándanos azules o rojos para crear un sabor del Nuevo Mundo. O añadir dátiles, higos o jengibre confitado si deseas un sabor más picante y exótico. Mi receta no incluye frutos secos (aparte del mazapán), pero las nueces, nueces de pecán y almendras son ingredientes adecuados para añadir a la fruta seca. También puedes cambiar el tipo de alcohol usado para remojar la fruta. Necesitas que tenga un sabor fuerte, así que evita el vodka, pero el whisky, el ron, el jerez o incluso un licor de fruta funcionarán muy bien.

Los pasteles de fruta deben cocerse a baja temperatura para evitar que la fruta se chamusque y se queme. Por eso tardan mucho en cocerse: hasta 5 horas, en función del tamaño. Procura cocer tu pastel cuando sepas que vas a estar cerca del horno un buen rato. A menudo pongo mi pastel en el horno y me doy cuenta de que tengo una cita 3 horas después, justo cuando debería sacar el pastel del horno.

Este tipo de pastel es mejor hacerlo por lo menos un mes (aunque mejor 3 meses) antes de comerlo. Eso es porque el sabor del pastel irá madurando, y puedes «alimentar» el pastel con el alcohol elegido para obtener un pastel más rico y jugoso. Para alimentarlo, pincha toda la superficie con un palillo y riégalo con 2 cdtas. del alcohol elegido cada semana, vuelve a envolver el pastel y devuélvelo a su recipiente.

He descrito dos métodos para hacerlo: con una batidora de brazo o con una mezcladora con base. Los pasteles de fruta grandes son más fáciles de mezclar a mano que un bizcocho, porque la fruta se mantiene unida con una cantidad de masa relativamente pequeña, así que es más fácil mezclar pasteles grandes con una batidora eléctrica de brazo.

Para pasteles muy grandes transfiero la masa a un cuenco aún más grande donde quepa toda la fruta.

Cantidades y tiempos de cocción

Pastel redondo de 100 mm/4": 1 huevo, mantequilla sin sal, azúcar moreno oscuro y harina normal (75 g/2¾ oz de cada); jengibre molido, canela molida y mezcla de especias (½ cdta. de cada), ¼ cdta. de nuez moscada rallada, 1 pizca de sal, ralladura de ½ naranja y ½ limón, 150 g/5½ oz de pasas de Corinto, 75 g/2¾ oz de sultanas y 75 g/2¾ oz de moscatel; frutas y cerezas confitadas (25 g/1 oz de cada), 20 ml/½ fl oz de brandy (u otro alcohol). Cocción: 2-2¼ h.

Pastel redondo de 125 mm/5": 2 huevos, mantequilla sin sal, azúcar moreno oscuro y harina normal (100 g/3½ oz de cada); jengibre molido, canela molida y mezcla de especias (½ cdta. de cada), ¼ cdta. de nuez moscada rallada, 1 pizca de sal, ralladura de ½ naranja y ½ limón, 250 g/9 oz de pasas de Corinto, 100 g/3½ oz de sultanas y 100 g/3½ oz de moscatel; frutas y cerezas confitadas (50 g/1¾ oz de cada), 20 ml/½ fl oz de brandy (u otro alcohol). Cocción: 2½-3 h.

Pastel redondo de 150 mm/6": 3 huevos, mantequilla sin sal, azúcar moreno oscuro y harina normal (150 g/5½ oz de cada); jengibre molido, canela molida y mezcla de especias (½ cdta. de cada); ¼ cdta. de nuez moscada rallada, 1 pizca de sal, ralladura de 1 naranja y 1 limón, 300 g/10½ oz de pasas de Corinto, 150 g/5½ oz de sultanas, 100 g/3½ oz de moscatel; frutas y cerezas confitadas (75 g/2¾ oz de cada), 30 ml/1 fl oz de brandy (u otro alcohol). Cocción: 3-3½ h.

Pastel redondo de 180 mm/7": 3 huevos, mantequilla sin sal, azúcar moreno oscuro y harina normal (175 g/6 oz de cada); jengibre molido, canela molida y mezcla de especias (1 cdta. de cada), ½ cdta. de nuez moscada rallada, 1 pizca de sal, ralladura de 1 naranja y 1 limón, 375 g/13 oz de pasas de Corinto y 175 g/6 oz de sultanas; pasas moscatel, frutas y cerezas confitadas (100 g/3½ oz de cada), 40 ml/1¼ fl oz de brandy (u otro alcohol). Cocción: 3½-4h.

Pastel redondo de 200 mm/8": 4 huevos, mantequilla sin sal, azúcar moreno oscuro y harina normal (225 g/8 oz de cada); jengibre molido, canela molida y mezcla de especias (1 cdta. de cada), ½ cdta. de nuez moscada rallada, 1 pizca de sal, ralladura de 1 naranja y 1 limón, 500 g/1 lb 2 oz de pasas de Corinto y 225 g/8 oz de sultanas; pasas moscatel, frutas y cerezas confitadas (125 g/4½ oz de cada), 40 ml/1¼ fl oz de brandy (u otro alcohol). Cocción: 4-4½ h.

Pastel redondo de 230 mm/9": 6 huevos, mantequilla sin sal, azúcar moreno oscuro y harina normal (325 g/11½ oz de cada); jengibre molido, canela molida y mezcla de especias (1½ cdtas. de cada), 1 cdta. de nuez moscada rallada, 1 pizca de sal, ralladura de 1 naranja y 1 limón, 750 g/1 lb 10 oz de pasas de Corinto y 325 g/11½ oz de sultanas; pasas moscatel, frutas y cerezas confitadas (175 g/6 oz de cada), 60 ml/2 fl oz de brandy (u otro alcohol). Cocción: 4½-5 h.

Pastel redondo de 250 mm/10": 8 huevos, mantequilla sin sal, azúcar moreno oscuro y harina normal (450 g/1 lb de cada); jengibre molido, canela molida y mezcla de especias (2 cdtas. de cada), ½ cdta. de nuez moscada rallada, 1 buena pizca de sal, ralladura de 2 naranjas y 2 limones, 1kg/2 lb 4 oz de pasas de Corinto y 450 g/1 lb de sultanas; pasas moscatel, frutas y cerezas confitadas (250 g/9 oz de cada), 80 ml/2½ fl oz de brandy (u otro alcohol). Cocción: 5-5½ h.

Pastel cuadrado de 100 mm/4": 2 huevos, mantequilla sin sal, azúcar moreno oscuro y harina normal (100 g/3½ oz de cada); jengibre molido, canela molida y mezcla de especias (½ cdta. de cada), ¼ cdta. de nuez moscada rallada, 1 pizca de sal, ralladura de ½ naranja y ½ limón, 250 g/9 oz de pasas de Corinto, 100 g/3½ oz de sultanas y 75 g/2¾ oz de moscatel; frutas y cerezas confitadas (50 g/1¾ oz de cada), 20 ml/½ fl oz/ de brandy (u otro alcohol). Cocción: 2½-3 h.

Pastel cuadrado de 150 mm/6": 3 huevos, mantequilla sin sal, azúcar moreno oscuro y harina normal (175 g/6 oz de cada); jengibre molido, canela molida y mezcla de especias (1 cdta. de cada); ½ cdta. de nuez moscada rallada, 1 pizca de sal, ralladura de 1 naranja y 1 limón, 375 g/13 oz de pasas de Corinto y 175 g/6 oz de sultanas; pasas moscatel, frutas y cerezas confitadas (100 g/3½ oz de cada), 40 ml/1¼ fl oz de brandy (u otro alcohol). Cocción: 3¼-3½ h.

Pastel cuadrado de 200 mm/8": 6 huevos, mantequilla sin sal, azúcar moreno oscuro y harina normal (325 g/11½ oz de cada); jengibre molido, canela molida y mezcla de especias (1½ cdtas. de cada); 1 cdta. de nuez moscada rallada, 1 pizca de sal, ralladura de 1 naranja y 1 limón, 750 g/1 lb 10 oz de pasas de Corinto y 325 g/11½ oz de pasas sultanas; pasas moscatel, frutas y cerezas confitadas (175 g/6 oz de cada), 60 ml/2 fl oz de brandy (u otro alcohol). Cocción: 4-4½ h.

Cupcakes

Para una bandeja de 12: 3 huevos, mantequilla sin sal, azúcar moreno oscuro y harina normal (150 g/5½ oz de cada); jengibre molido, canela molida y mezcla de especias (1 cdta. de cada); ¼ cdta. de nuez moscada rallada, 1 pizca de sal, ralladura de 1 naranja y 1 limón, 300 g/10½ oz de pasas de Corinto, 150 g/5½ oz de sultanas y 100 g/3½ oz de moscatel; 75 g/2¾ oz de frutas y cerezas confitadas, 30 ml/1 fl oz de brandy (u otro alcohol). Cocción: 45 min.-1 h.

MÉTODO

24 horas antes de cuando quieras hacer el pastel, pon toda la fruta seca en un cuenco grande y cúbrela por completo con agua hirviendo: esto la hinchará y ayudará a que absorba el alcohol. Déjala 10 minutos y luego escurre toda el agua. Luego añade el brandy (o zumo de fruta si no quieres usar alcohol) a la fruta ya hinchada. Mézclalo bien, cubre el cuenco y déjalo como mínimo una noche, o hasta que empieces a trabajar.

- El primer paso de ambos métodos es precalentar el horno a 150°C/350°F/gas 5/130°C (convección). Prepara el molde: engrásalo con mantequilla y fórralo con doble capa de papel de hornear.

MÉTODO DE BATIDORA DE MANO

1. Tamiza la harina, las especias y la sal en un cuenco.
2. Bate la mantequilla y el azúcar hasta que la mezcla sea más clara y parezca esponjosa.
3. Añade los huevos de uno en uno, batiendo tras cada adición. Si el pastel empieza a cortarse, añade un poco de la mezcla de harina con cada huevo. No te preocupes: el pastel quedará igual de estupendo.
4. Incorpora la harina con una cuchara grande.
5. Añade la ralladura de naranja y limón y mezcla bien. Añade la fruta, incorporándola con cuidado hasta que esté bien mezclada.

MÉTODO DE MEZCLADORA CON BASE

1. Tamiza la harina, las especias y la sal.
2. Coloca la mantequilla y el azúcar en el cuenco mezclador. Rompe todos los huevos en otro cuenco.
3. Bate la mantequilla y el azúcar hasta obtener una mezcla blanca y esponjosa (como en el método anterior).
4. Añade la mitad de los huevos y bate bien.
5. Añade la mitad de la harina y sigue batiendo.
6. Añade los huevos restantes y sigue batiendo.
7. Añade la harina restante y bate hasta mezclar todo bien.
8. Añade ralladura de naranja y limón a la mezcla.
9. Retira el cuenco de la base y añade la fruta. Remueve la fruta con una cuchara grande hasta mezclarla bien.

Para ambos métodos

Vierte la mezcla en el molde y cubre la superficie con un círculo de papel de hornear (ligeramente más grande que la circunferencia del molde, para proteger la superficie del pastel y evitar que se chamusque la fruta).

Si haces cupcakes, divide la mezcla entre las 12 cápsulas. Estarán muy llenas, pero no importa, pues los pasteles de fruta no suben como el bizcocho. Los cupcakes no hay que cubrirlos con papel de hornear porque la cocción es bastante corta.

Hornea el tiempo especificado. Cuando el pastel esté listo, su superficie quedará de un hermoso tono dorado y al insertar un palillo en el pastel, saldrá limpio.

Cuando saques el pastel del horno, pincha su superficie con un palillo y luego empápalo con 1 cucharada de brandy.

Deja enfriar el pastel en el molde 20 minutos y luego voltéalo sobre una rejilla enfriadora.

Cuando esté frío, envuélvelo primero con papel sulfurizado y luego con papel de aluminio o film transparente. Guárdalo en una caja para pasteles.

Cada 1 o 2 semanas, desenvuelve el pastel y empápalo con el brandy, luego cúbrelo de nuevo y déjalo madurar.

GALLETAS

Si te colaras en mi casa cuando las fiestas de cumpleaños de mis hijas están en todo su apogeo y echaras un vistazo en sus bolsas de cumpleaños, siempre encontrarías una galleta escondida entre el pastel y los cachivaches de plástico. Normalmente está pintada a juego con el tema elegido para esa fiesta en particular: podría ser una vaquera, un mono o incluso una escena submarina.

Una galleta pintada puede ser un fabuloso detalle de boda, y si pintas un nombre en ella, también sirve como tarjeta de mesa. La galleta más sencilla envuelta en papel celofán y atada con una hermosa cinta, o presentada con una etiqueta a juego, resultará estupenda para adornar cualquier evento.

Procuro no limitar mi repertorio de galletas a las flores hermosas, por mucho que me encante pintarlas. Durante mi carrera como decoradora, he pintado muchos tipos de imágenes diferentes en galletas, algunas bastante extrañas: desde retratos de famosos, cabezas y raspas de pescado, controles remotos de televisión, hasta virus de la gripe o dedos de los pies cortados.

Hacer galletas tiene algo de juegos malabares. Por supuesto, el producto final debe ser extraordinariamente sabroso, pero también requiere una galleta que no se extienda mucho al cocer. Eso se logra ajustando la cantidad de mantequilla y harina. Cuanta más mantequilla, más crujiente y sabroso será el producto final, pero demasiada mantequilla hará que la galleta se extienda y pierda forma. Añadir harina ayudará a estabilizar la galleta, pero demasiada, creará un producto duro e incomible.

Si crees que tus galletas se están extendiendo demasiado, aquí tienes algunas cosas que puedes hacer al respecto.

- Asegúrate de que la mantequilla que usas en la receta no esté demasiado blanda. Tiene que estar ablandada (a temperatura ambiente), pero si se funde mientras la mezclas, la galleta se extenderá (lo cual es irrelevante para las galletas de jengibre, porque la mantequilla se funde como parte de la mezcla).
- Utiliza mantequilla con poco contenido en agua, por desgracia, normalmente son las marcas más caras.
- No batas en exceso la mantequilla y el azúcar: no se trata de trabajarlas como cuando haces un pastel, sino que en cuanto estén mezcladas, deja de batir (no se aplica a las galletas de jengibre).
- Procura dejar reposar bien la masa después de mezclarla y también después de cortarla. Puedes dejar reposar la masa en la nevera toda la noche, o incluso dejarla en el congelador hasta que la necesites.
- Si aumentas la temperatura del horno, las galletas se cocerán más rápido y será más difícil que se extiendan. Sin embargo, corres el riesgo de quemar el exterior y dejar el centro crudo, así que vigílalas bien mientras las horneas.
- Como último recurso, si has probado todo lo anterior y tu masa sigue extendiéndose demasiado al hornearla, añade más harina a la mezcla.

Si usas una batidora de mano, bate la mantequilla y el azúcar y luego incorpora el huevo. Pero como las siguientes recetas forman una masa dura, te recomiendo que incorpores la harina con una cuchara de madera.

GALLETAS DE VAINILLA BÁSICAS

Esta receta peca por ser demasiado sabrosa, pues verás que se extiende un poco. Eso no debería ser un problema porque las galletas mantendrán la forma lo suficiente como para decorarlas. Se hace mejor con una mezcladora con base.

- 225 g/8 oz de mantequilla sin sal
- 200 g/7 oz de azúcar superfino
- 1 huevo
- 1 cdta. de extracto de vainilla
- 375 g/13 oz de harina normal

MÉTODO

1 Bate la mantequilla y el azúcar solo hasta mezclarlos.

2 Añade el huevo y el extracto de vainilla y vuelve a batir la mezcla.

3 Con el batidor a baja velocidad, añade gradualmente la harina.

4 Deja de mezclar en cuanto la masa se haya unido.

5 Saca la masa del cuenco y moldéala en forma de pastel aplanado.

6 Envuelve la masa con film transparente y guárdala en la nevera como mínimo una hora, mejor toda la noche.

7 Precalienta el horno a 190°C/375°F/gas 5/170°C (convección). (Si no usas la opción de ventilador, deberás girar la bandeja de hornear a mitad del tiempo de cocción para que queden uniformes). Forra las bandejas con papel de hornear.

8 Extiende la masa con tablillas niveladoras para ajustar el grosor, luego corta la masa con los cortadores elegidos o utiliza un cúter para recortar un modelo.

9 Coloca las galletas sobre las bandejas preparadas y déjalas en la nevera de 30 minutos a 1 hora.

10 Coloca las bandejas en el horno precalentado y hornea 12-15 minutos (el tiempo de cocción dependerá del tamaño de las galletas: cuanto más grandes, más tardarán en hacerse, las pequeñitas tardarán menos), hasta que las galletas estén ligeramente doradas en los bordes y firmes en el centro. Deja enfriar las galletas unos 10 minutos y pásalas a una rejilla enfriadora.

11 No es preciso cubrir enseguida las galletas con fondant; puedes guardarlas en un recipiente hermético hasta una semana antes de cubrirlas con fondant, listas para decorar.

Para las galletas de chocolate, sustituye 1¾ oz/50 g de harina por la misma cantidad de cacao.

Cómo usar tablillas niveladoras

1 Enharina un poco (con harina si es masa de galleta, con harina de maíz (maicena) si es mazapán o fondant), la superficie de trabajo.

2 Coloca las tablillas paralelas con la masa de galleta/mazapán/fondant en medio. Procura que la distancia entre las tablillas sea inferior a la longitud de tu rodillo.

3 Extiende la masa de galleta/mazapán/fondant todo lo que puedas. Alcanzará la altura de las tablillas y tendrá un grosor uniforme.

GALLETAS DE JENGIBRE

El aroma característico de las galletas de jengibre flotando por la casa me transporta sin remedio a mi infancia. Puedo verme claramente haciendo galletas gigantes con mi padre mientras mi madre estaba fuera, visitando a su familia en Irlanda. Hice una jirafa torcida y la decoré con glaseado líquido y caramelos, mientras mi hermano creaba un elefante con botones de chocolate y golosinas de regaliz. No me recuerdo comiéndola para decirte cómo sabía, pero aún puedo ver la imagen en mi mente.

La receta que he creado para que la uses en estos proyectos de pintura posee un estupendo sabor complejo y especiado, pero si temes que sea demasiado sofisticada para paladares más jóvenes, reduce las cantidades de canela y jengibre a 1 cdta., y sustituye la pimienta de Jamaica por mezcla de especias.

Se hace mejor con una mezcladora con base. Si no tienes una, por el bien de tu batidora de mano, te aconsejo que incorpores la harina a la mezcla de azúcar/almíbar con una cuchara de madera hasta mezclar bien.

200 g/7 oz de mantequilla sin sal
200 g/7 oz de azúcar mascabado oscuro
2 cucharadas de almíbar
2 cucharadas de miel
1 cucharada de canela molida
1 cucharada de jengibre molido
1 cdta. de pimienta de Jamaica
½ cdta. de sal
1 cdta. de bicarbonato sódico (levadura química)
1 cucharada de agua
400 g/14 oz de harina normal

MÉTODO

1. Pon la mantequilla, el azúcar, el almíbar, la miel, las especias y la sal en una olla y bate todo con cuidado a baja temperatura, hasta que la mantequilla se funda y el azúcar se disuelva; luego retíralo del fuego.
2. En un cuenco pequeño, disuelve el bicarbonato en el agua. Añádelo a los ingredientes de la olla y remueve hasta mezclarlo. Vierte la mezcla resultante en el cuenco de la mezcladora.
3. Añade la harina. Con un programa bajo de la mezcladora, combina el líquido y la harina hasta que forme una masa dura.
4. Deja de mezclar en cuanto la masa se haya unido.
5. Saca la masa del cuenco y moldea una forma de pastel aplanado.
6. Envuelve la masa en film transparente y guárdala en la nevera mínimo una hora, mejor toda la noche.
7. Precalienta el horno a 190°C/375°F/gas 5/170°C (convección). (Si no usas la opción de ventilador, deberás girar la bandeja a mitad del tiempo de cocción para que queden uniformes). Forra tus bandejas con papel de hornear.
8. Extiende la masa con los niveladores para ajustar el grosor, luego recorta las formas con los cortadores elegidos, o bien usa un cúter para recortar un modelo.
9. Coloca las galletas sobre las bandejas preparadas y déjalas en el refrigerador de 30 minutos a 1 hora antes de hornear.
10. Coloca las bandejas en el horno precalentado y, de nuevo, según el tamaño de las galletas, hornéalas 12-15 minutos, hasta que estén ligeramente tostadas en los bordes y firmes en el centro.
11. Deja enfriar las galletas 10 minutos y pásalas a una rejilla enfriadora.
12. Puedes guardar las galletas en un recipiente hermético hasta una semana antes de que necesites cubrirlas con fondant, listas para decorar.

CÓMO HACER *COOKIE POPS*

Transformar una humilde galleta en algo mucho más divertido (un *cookie pop*) es facilísimo. Solo tienes que proveerte de palitos de piruleta aptos para el horno (los de plástico se fundirían en el horno). Por suerte, en la mayoría de tiendas de sugarcraft, o bien en proveedores de Internet, encontrarás los que necesites.

Los hay de varias longitudes: para la mayoría de galletas uso palos de 150 mm/6", salvo que el propio palo forme parte del diseño (por ejemplo, si hago una varita de hada o de brujo), en cuyo caso usaré un palo de 200 mm/8" o 250 mm/10". En general, un palito de menos de 150 mm/6" es poco práctico y se ve un poco raro.

Extiende la masa de galleta del modo descrito en la receta de galletas de vainilla (pág. 60) y córtalas de la forma deseada. Coloca un dedo sobre la galleta, encima del área donde insertarás el palito (normalmente el punto medio de la base de la forma) e inserta suavemente el palito en el lateral de la galleta, procurando que entre limpiamente en la forma y que haya bastante masa encima y debajo del palito para sustentarlo (es decir, procura no insertarlo en ángulo). Yo suelo insertar el palo hasta llegar entre la mitad y los dos tercios de la galleta. Luego gira la galleta para inspeccionar el dorso: si puedes ver el palito en la superficie, toma un poco de masa y cubre el área expuesta. Coloca las galletas sobre una bandeja forrada de papel de hornear, procurando que los palitos estén planos, y hornéalas como siempre.

Después de hornear, coloca con cuidado las galletas en una rejilla enfriadora: usa una espátula para levantarlas. Si intentas agarrarlas por el palo (antes de que se hayan enfriado), la galleta podría agrietarse y romperse. Una vez frías, se endurecerán y podrás tomarlas por palito sin miedo a roturas.

Masa de galleta

Inserta con cuidado el palo en la masa

RELLENOS, PASTAS Y FONDANTS

ALMÍBAR

Antes de cortar y rellenar un bizcocho con crema de mantequilla, es buena idea pincelar cada capa con almíbar, mantendrá el pastel jugoso.

La receta del almíbar es muy sencilla: añade una medida de azúcar (en gramos/onzas) a la equivalente en agua (ml/fl oz), por ejemplo, mezcla 50 g/1¾ oz de azúcar con 50 ml/1¾ fl oz de agua. Coloca los ingredientes en una olla a fuego lento. Una vez disuelto el azúcar en el agua, el almíbar está listo. No remuevas la mezcla al calentarse, o se formarán cristales.

Igualmente, cuando cubras un pastel de fruta con mazapán y fondant, verás que el almíbar puede ayudar a formar una superficie pegajosa para adherir el mazapán. Puedes usar una mezcla simple de agua y azúcar como la receta anterior, pero para añadir jugosidad y sabor, puedes sustituir el agua por alcohol (el mismo que uses en el pastel). Por supuesto, si prefieres el método tradicional, siempre puedes usar confitura de albaricoque.

Si haces cupcakes de bizcocho, puedes pincelarlos con almíbar caliente justo al salir del horno. El almíbar empapará el bizcocho y lo mantendrá jugoso más tiempo.

Cantidad de almíbar según tamaño del pastel

Pasteles redondos

100 mm/4": 20 ml/½ fl oz; 130 mm/5": 30 ml/1 fl oz; 150 mm/6": 50 ml/1¾ fl oz; 180 mm/7": 60 ml/2 fl oz; 200 mm/8": 90 ml/3 fl oz; 230 mm/9": 130 ml/4½ fl oz; 250 mm/10": 150 ml/5 fl oz

Pasteles cuadrados

100 mm/4": 20 ml/½ fl oz; 150 mm/6": 60 ml/2 fl oz; 200 mm/8": 100 ml/3½ fl oz; 250 mm/10": 170 mm/5½ fl oz

Cupcakes

30 ml/1 fl oz

MERMELADA/CONFITURA

Para la mayoría de bizcochos (excepto de chocolate), relleno una capa con mermelada o confitura, para añadir un toque especial y evitar que sea demasiado dulce. Normalmente los bizcochos de vainilla se rellenan de mermelada de fresa o de frambuesa, pero si hago un pastel de limón, usaré *lemon curd,* o bien mermelada de naranja para un pastel aromatizado con naranja.

De vez en cuando (si me siento especialmente virtuosa), hago mi propia mermelada, pero la mayoría de las veces uso una comprada. Puedes encontrar mermeladas de buena calidad en el supermercado más cercano, o ir en busca de una confitura de sabor más exótico en el mercado local.

Cantidad de mermelada según tamaño del pastel

Pasteles redondos

100 mm/4": 2 cdtas.; 130 mm/5": 3 cdtas.; 150 mm/6": 3 cdtas. de postre; 180 mm/7": 4 cdtas. de postre; 200 mm/8": 5 cdtas. de postre (aprox. medio bote); 230 mm/9": 7 cdtas. de postre; 250 mm/10": 8 cdtas. de postre

Pasteles cuadrados

100 mm/4": 3 cdtas.; 150 mm/6": 4 cdtas. de postre; 200 mm/8": 7 cdtas. de postre; 250 mm/10": 11 cdtas. de postre (un bote de 370 g/13 oz)

CREMA DE MANTEQUILLA

Para hacer crema de mantequilla debes batir cantidades iguales de mantequilla y azúcar glas (la mantequilla debería estar a temperatura ambiente), por ejemplo, si la receta pide 100 g/3½ oz de crema de mantequilla, deberás mezclar 50 g/1¾ oz de mantequilla con 50 g/1¾ oz de azúcar glas.
Bate la mantequilla y el azúcar hasta que la mezcla sea realmente clara y esponjosa. Si quieres aromatizarla, añade 1 cdta. de aroma (como extracto de vainilla o zumo de limón) a cada 100 g/3½ oz de crema de mantequilla. Si quieres hacerla de chocolate, sustituye ¼ del azúcar glas por cacao en polvo.

Cantidad de crema de mantequilla según el pastel

Pasteles redondos

100 mm/4": 200 g/7 oz; 130 mm/5": 250 g/9 oz;
150 mm/6": 350 g/12 oz; 180 mm/7": 500 g/1 lb 2 oz;
200 mm/8": 650 g/1 lb 7 oz; 230 mm/9": 850 g/1 lb 14 oz;
250 mm/10": 1 kg/2 lb 4 oz

Pasteles cuadrados

100 mm/4": 200 g/7 oz; 150 mm/6": 550 g/1 lb 4 oz;
8"/200 mm: 1 kg/2 lb 4 oz

12 cupcakes

Remolinos de crema de mantequilla: 500 g/1 lb 2 oz
Con fondant: 400 g/14 oz

MAZAPÁN

Siempre cubro un pastel de fruta con mazapán comprado. Claro que puedes hacerlo, pero mi día solo tiene 24 horas. Prefiero el mazapán de color natural, pero la variedad amarilla es perfectamente aceptable.

Puedes reunir el mazapán sobrante, envolverlo en film transparente y guardarlo en el congelador hasta que lo necesites.

Cantidad de mazapán según tamaño del pastel

Pasteles redondos

100 mm/4": 350 g/12 oz; 130 mm/5": 500 g/1 lb 2 oz;
150 mm/6": 600 g/1 lb 5 oz; 180 mm/7": 800 g/1 lb 12 oz;
200 mm/8": 1 kg/2 lb 4 oz; 230 mm/9": 1,25 kg/2 lb 12 oz;
250 mm/10": 1,45 kg/3 lb 2½ oz

Pasteles cuadrados

100 mm/4": 500 g/1 lb 2 oz; 150 mm/6": 750 g/1 lb 10 oz;
8"/200 mm: 1 kg/2 lb 4 oz

12 cupcakes

450 g/1 lb

PASTA DE AZÚCAR/FONDANT

Para todos los proyectos en los que trabajarás en este libro, cuando en las instrucciones te pido que uses fondant, me refiero a la pasta de azúcar que se extiende y se usa para cubrir un pastel (no al glaseado líquido con el que se bañan cupcakes o se rocían *petit fours*). Siempre uso fondant comercial, listo para usar: he probado fondant de muchos proveedores diferentes y todos son adecuados para pintar. Nunca he usado fondant casero, así que no puedo hablarte de sus propiedades, pero si sueles hacerlo, te sugiero que pruebes primero con un trozo solo para asegurarte que la superficie absorberá la pintura sin problemas.

En la actualidad hay fondant en la mayoría de supermercados, normalmente en paquetes de 1 kg /2 lb 4 oz. Puedes comprar cantidades más grandes a proveedores especializados o a fabricantes. Prueba unas cuantas marcas hasta encontrar la que más te guste.

En las cantidades siguientes he especificado más fondant del necesario para cubrir el pastel, porque puede que necesites algo más de fondant en la base, para asegurarte que la cobertura se ajusta bien. Este pequeño faldón de material alrededor de la base del pastel se coloca ahí deliberadamente para que puedas retirar y reparar las arrugas y crear una cobertura totalmente lisa: este proceso se describe más tarde. Esto es solo para que no te sorprendas si ves que te sobra mucho fondant una vez cubierto el pastel.

Cantidad de fondant según tamaño del pastel

Pasteles redondos

100 mm/4": 400 g/14 oz; 130 mm/5": 450 g/1 lb; 150 mm/6": 600 g/1 lb 5 oz; 180 mm/7": 700 g/1 lb 9 oz; 200 mm/8": 800 g/1 lb 12 oz; 230 mm/9": 950 g/2 lb 2 oz; 250 mm/10": 1,25 kg/2 lb 12 oz

Pasteles cuadrados

100 mm/4": 400 g/14 oz; 150 mm/6": 750 g/1 lb 10 oz;
8"/200 mm: 900 g/2 lb

Barril doble

130 mm/5": 900 g/2 lb

12 cupcakes

550 g/1 lb 4 oz

MÉTODO PARA TEÑIR FONDANT

Usa un palillo para tomar un poco del color elegido, añade poco a poco pequeñas cantidades al fondant y amásalo bien con las manos. Sigue añadiendo color hasta conseguir el tono que desees.

Si haces un color fuerte, esto a veces puede afectar a la consistencia del fondant. Una vez mezclado el color, deja reposar el fondant cubierto con film transparente unas horas antes de usarlo.

PASTA DE MODELAR

Para crear recortes pintados o decoraciones de cupcake, necesitarás un fondant más fuerte y que se endurezca más que la pasta de azúcar normal. Yo mezclo mi propia pasta de modelar usando goma tragacanto, pero también puedes usar CMC, también conocido como Tylose o polvo Tylose. Puedes comprar ambos productos a un proveedor de decoración de pasteles (o comprar pasta de modelar ya hecha).

RECETA DE PASTA DE MODELAR

Amasa 1 cdta. de goma tragacanto o de CMC en 9 oz/250 g de fondant con las manos. Si usas goma tragacanto, puede que tengas que dejar reposar la pasta toda la noche envuelta en film transparente. La pasta de modelar hecha con CMC puede usarse de inmediato, no requiere reposo.

Normalmente prefiero usar goma tragacanto, es una elección totalmente personal: siempre me ha parecido más fácil de trabajar. Pero el CMC es muy práctico cuando olvidas mezclar tu pasta de modelar el día antes de cuando necesitas usarla.

Tiñe la pasta de modelar con el mismo método descrito antes para el fondant, pero como la goma tragacanto o el CMC estabiliza la pasta, puedes usarla justo después de teñirla.

PASTA DE FLORES

Si quieres crear un recorte más fino del que se obtiene con la pasta de modelar normal, usa pasta de pétalos. Siempre he usado la variedad comercializada (la venden proveedores de decoración de pasteles). Pero necesitas cortar la forma de tu flor (u otro elemento) primero, y luego dejar secar la pasta totalmente antes de empezar a pintar. Si pintas sobre la pasta de pétalos antes de que se seque, la superficie será viscosa y será difícil dibujar algo hermoso.

PEGAMENTO COMESTIBLE

Puedes comparar pegamento comestible a proveedores de decoración de pasteles, pero es realmente fácil de hacer: solo tienes que espolvorear ¼ de cdta. de goma tragacanto o polvo CMC sobre 50 ml/1¾ oz de agua. Déjalo 10 minutos hasta que empape un poco el agua y se transforme en gel, luego remueve todo con un pincel. Suelo usar CMC para esto porque el pegamento resultante es más claro; con la goma tragacanto es más opaco y de un tono ligeramente marrón. Puedes guardar tu pegamento comestible en la nevera hasta una semana después de mezclarlo: si se pone demasiado espeso para usarlo, añade un poquito más de agua.

GLASA REAL

Siempre uso fondant para cubrir galletas o crear placas, pero si lo prefieres, puedes usar glasa real. Solo procura que esté totalmente seca antes de empezar a pintar. La glasa real da un acabado algo diferente al producto final que el fondant, así que prueba primero para cerciorarte de que obtendrás los resultados que deseas.

También puedes usar la glasa real para pegar elementos a un pastel en lugar del pegamento comestible.

Si alguna vez necesito usar glasa real, uso un paquete ya preparado, solo hay que añadirle agua. Los hay en la mayoría de supermercados.

Pero si quieres hacer tu propia glasa real, puedes usar esta receta.

- 25 g/1 oz de clara de huevo en polvo (en el apartado de repostería de la mayoría de supermercados)
- 1 kg/2 lb 4 oz de azúcar glas
- 160 ml/5¼ fl oz de agua

RECETA DE GLASA REAL

1. Echa la clara de huevo en polvo y el azúcar glas en un cuenco y mézclalos bien.
2. Añade el agua gradualmente y bate hasta que el glaseado adquiera la consistencia deseada (puede llevar hasta 10 minutos).
3. Guarda la glasa real en un recipiente hermético hasta que la uses. Aguantará una semana en la nevera, pero deberás batirla de nuevo antes de usarla.

— Capítulo 4 —

Preparar el lienzo

PREPARAR PASTELES Y GALLETAS PARA PINTAR

Del mismo modo que los artistas preparan su lienzo para pintar, necesitarás algún tiempo para asegurarte de que tu fondant está listo antes de empezar a pintar. Los pasteles deben cortarse por capas y rellenarse antes de recubrirse, y debe añadirse soporte estructural si van a ser de pisos. Los cupcakes deben cubrirse con fondant, o hay que añadirles un remolino de crema de mantequilla como cobertura previa que sirva de decoración sobre la cual pintar. Las galletas son lo más sencillo, pues ya están listas para pintar una vez recubiertas de fondant.

Los métodos descritos en este capítulo los he desarrollado a lo largo de los años con multitud de proyectos de pasteles, hasta conseguir el acabado perfecto del fondant listo para pintar. Durante este tiempo he recopilado muchos consejos de compañeros decoradores de pasteles, de libros y de mi búsqueda por Internet, y algunos los he descubierto yo misma después de mucho ensayo y error. Pero nunca he recibido formación específica en sugarcraft, así que si crees que ya tienes un modo infalible de conseguir un acabado impecable ¡no dudes en usarlo! Sin embargo, te recomiendo que leas mis instrucciones sobre cubrir pasteles con fondant porque hay algunas prácticas que la gente sigue habitualmente y que no resultan adecuadas para las técnicas pictóricas.

PREPARAR LA BASE

Por lo menos un día antes de cubrir el pastel, preparo la base. Así das al fondant el tiempo suficiente para que se endurezca y hay menos posibilidades de que se marque o se abolle al colocar el pastel encima. Suelo usar una base 50 mm/2" mayor que el pastel (esta proporción me parece visualmente atractiva), así que un pastel de 200 mm/8" se presentaría en una base de 250 mm/10". Si hago un pastel de pisos, uso el tamaño del piso inferior para calcular el tamaño de la base requerida. A veces, si trabajo con un pastel más pequeño (como uno de 150 mm/6"), me las apaño con una base solo 25 mm/1" superior, pero para uno más grande, una diferencia de 50 mm/2" es perfecta. Usar una base más ancha que el pastel también ayuda a proteger la decoración de los laterales si lo transportas en una caja.

Ahora no quiero daros la falsa impresión de que siempre soy tan organizada como para preparar mis bases de pastel antes de tiempo. Pero afortunadamente tengo un plan B listo para los momentos en que recuerdo demasiado tarde que necesito una base cubierta: ¿Recuerdas el CMC que mencioné en la lista de ingredientes? Bien, si el tiempo escasea, entonces antes de extender el fondant, procura amasarlo con algo de polvo de CMC. Una vez cubierta la base, el fondant se endurecerá en una hora.

Extiende el fondant usando las tablillas niveladoras, de modo que sea un poco mayor que la base que quieres usar. Humedece ligeramente la base de pastel con agua. Coloca el fondant sobre la base y alísalo con los alisadores. Recorta los bordes para que el fondant quede nivelado con el borde de la base.

Luego debes cubrir el borde de la base para que quede oculto. El modo usual de hacerlo es con una cinta. Pega una tira de cinta adhesiva de doble cara alrededor de la base y luego pega encima la cinta. Si usas una cinta especialmente gruesa, o una hecha de fibras naturales o rugosas, puede que necesites una pistola de pegamento para pegarla a la base. Por supuesto, no necesitas usar una cinta: existen miles de opciones. Puedes cortar un trozo de papel o tela estampada para cubrir el borde —¿y por qué no hacer un detalle con el borde deshilachado de la tela?—, o cualquier otra cosa, de verdad: últimamente uso cada vez más celo japonés, pues hay estampados fabulosos y es muy fácil de usar.

Cortar con un nivelador

Recortar con un nivelador

Borde de crema de mantequilla

CORTAR EN CAPAS UN PASTEL

Después de hornearlo, deja reposar toda la noche el pastel antes de cortarlo y rellenarlo, pues necesita ese tiempo para asentarse. Si intentas rellenarlo antes de que se asiente, puede que se desmigaje al trabajar con él.

Cuando relleno un bizcocho, suelo usar mermelada o confitura para una de las capas de relleno, y crema de mantequilla para la otra. Es una preferencia personal: creo que la mermelada añade acidez al pastel, un hermoso contraste con la suave dulzura de la crema de mantequilla. Puedes, si lo prefieres, utilizar dos capas de crema de mantequilla (yo lo hago con el bizcocho de chocolate), pero si lo haces, recuerda que deberás aumentar las cantidades de crema de mantequilla especificadas en el capítulo anterior para los diferentes tamaños de pasteles.

Para cortar las capas, para mí lo más fácil de usar es un nivelador de pasteles: mantiene cada capa totalmente plana, y así los pasteles de pisos serán más estables y será más difícil que caigan. Para un pastel con dos rellenos, corta el pastel en tres capas: ajusta la profundidad de corte que desees y consérvala igual para las tres capas, para que estén igualadas. Así el pastel se verá estupendo, incluso después de cortarlo para servir.

Si usas un cuchillo de sierra para cortar las capas, usa una medida para controlar la profundidad de cada capa (normalmente unos 20 mm/¾") cuando cortes cuidadosamente el pastel. Esto ayudará a que todas las capas sean uniformes y nivelará el corte. Puedes medir la profundidad del pastel que quieras pinchando un palillo en el pastel en ese punto. Repite el proceso alrededor de todo el pastel para tener marcas visuales de dónde deberías cortar. Retira los palillos una vez hayas creado la capa.

Antes de rellenar el pastel, pincela cada capa con el almíbar para mantener la humedad del pastel.

MÉTODO

1 Toma la capa superior del pastel, gírala y colócala sobre una base de pastel (como mínimo 50 mm/2" más ancha que el pastel) de modo que la parte del pastel que estaba en la superficie sea la base del pastel acabado (eso significa que la superficie más irregular, la que has cortado, quedará escondida en la base). Coloca el pastel (aún en la base) sobre un plato giratorio.

Prepara la 2ª capa

Cubre con crema de mantequilla

Alisa sellado de migas con rasqueta

2 Con la espátula o la espátula acodada, forma una cornisa de crema de mantequilla sobre el borde de esta primera capa: mantendrá la mermelada en su sitio e impedirá que se mezcle con la cobertura exterior. Luego extiende la mermelada sobre el pastel, por encima de la crema de mantequilla.

3 Toma la capa central del pastel y colócala con cuidado sobre la capa inferior.

4 Haz una segunda cornisa de crema de mantequilla encima de esta nueva capa, luego añade una buena cucharada de crema de mantequilla en el centro y extiéndela hasta el borde.

5 Toma la capa restante, gírala y colócala encima del resto del pastel (así tendrás una superficie plana y un borde bien afilado sobre el que trabajar).

6 Extiende una capa de crema de mantequilla sobre la superficie y el lateral del pastel con el cuchillo: esto se llama «sellado de migas» porque sella todas las migas de la superficie del pastel. Luego toma una rasqueta y deslízala por el lateral del pastel para obtener una superficie plana de crema de mantequilla. El lateral del pastel debe estar recto, a un ángulo de 90^0 con la base (para tener la mejor superficie posible donde colocar tu fondant). Usa una espátula acodada para alisar la superficie del pastel. También debe ser lo más plana posible: procura que el borde del pastel sea una línea nítida.

7 Deja el pastel en la nevera media hora, hasta que la crema de mantequilla se endurezca.

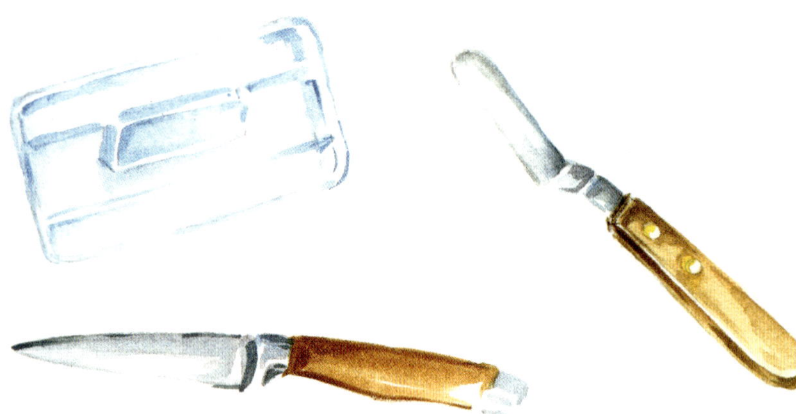

Espolvorea la superficie con maicena

Extiende el fondant

Alisa la superficie

CUBRIR UN PASTEL CON FONDANT

Cuando preparas un pastel para pintarlo, la técnica a seguir es muy similar al proceso que seguirías para cubrir un pastel con fondant usando métodos de decoración de pasteles convencionales. La mayor diferencia, y es algo crucial, es que nunca debes utilizar grasa vegetal al extender el fondant, porque dejaría una capa grasa sobre la superficie que repelería cualquier color que pintaras encima. Por razones similares, no debes usar nunca grasa vegetal para rellenar las grietas de la superficie, y debes resistir la tentación de añadirla al fondant demasiado seco. Si tu fondant parece seco, o aparecen grietas al extenderlo, deberás añadir una cucharadita de glicerina (o incluso un poquito de agua hervida fría) y amasarla en el fondant con las manos hasta que la mezcla tenga la consistencia deseada.

Si normalmente usas la técnica de la estera para extender tu fondant, puedes seguir usando este método, pues no afectará a la superficie del fondant. Para la técnica de la estera se usan dos hojas grandes de plástico apto para uso alimentario: emparedas el fondant entre ambas esteras y lo extiendes. Eso significa que no necesitas usar harina de maíz (maicena) y será más fácil colocar el fondant sobre el pastel.

Si, como yo, no usas una esterilla, utiliza harina de maíz para extender el fondant, o bien azúcar glas, pero personalmente me parece que puede volverse demasiado pegajoso para trabajar con él. Usa solo una pizca de harina de maíz, la menos posible; si usas demasiada, quedará una capa de harina de maíz sobre la superficie de tu pastel que hará que los colores se diluyan al aplicarlos. (Para comprobar si tu pastel está listo para pintarse, pasa tu mano sobre el pastel cubierto de fondant: cualquier aspereza denotará un exceso de harina de maíz, que puedes retirar con la mano o con papel de cocina).

MÉTODO PARA CUBRIR EL PASTEL CON FONDANT

1 Con un pincel plano largo, pinta una capa fina de pegamento comestible o agua sobre la superficie del pastel cubierto de crema de mantequilla (la crema de mantequilla debería estar aún firme de la nevera). Así proporcionas al fondant una capa pegajosa a la que adherirse, y evitarás roturas y la formación de burbujas de aire una vez cubierto el pastel.

2 Amasa el fondant hasta que sea más maleable, pero procura no trabajarlo en exceso, eso puede volver el fondant propenso a agrietarse y a romperse cuando esté sobre el pastel.

Pon las manos bajo el fondant para alzarlo

Coloca el fondant sobre el pastel

Alisa la superficie

3 Espolvorea una fina capa de harina de maíz (maicena) sobre la superficie de trabajo y frota el rodillo con un poco de la misma. Coloca el fondant hacia abajo y echa una pequeña cantidad de harina de maíz sobre la superficie dando palmaditas.

4 Utiliza las tablillas niveladoras como guía al extender el fondant. Sigue girando el círculo de fondant mientras lo extiendes para que no se pegue sobre la superficie de trabajo.

5 Cuando el fondant esté extendido, utiliza un alisador para alisar su superficie y eliminar puntos y marcas.

6 Desliza suavemente las manos bajo la lámina de fondant. Si vas a cubrir un pastel grande, desliza el fondant hasta los brazos para aguantarlo bien.

7 Levántalo con cuidado sobre el pastel colocándolo en el centro. Retira suavemente las manos de debajo de la superficie.

8 Con las palmas de las manos alisa el fondant en la superficie del pastel procurando que no queden burbujas de aire debajo. Si encuentras alguna burbuja, eleva el fondant para liberarlas y vuelve a alisarlo. Usa las palmas de las manos para fijar el fondant sobre el borde de la superficie del pastel: esta es la zona más propensa a agrietarse y romperse, así que hazlo con suavidad. Alisa esta zona del pastel en dirección ascendente en lugar de empujar el fondant hacia abajo sobre el borde del pastel, así evitarás que se rompa. Luego alisa los laterales, trabajando por toda la circunferencia. Si hay pliegues de fondant en la base, levanta el faldón de fondant y empújalo hacia el borde de la base del pastel, deshaciendo los pliegues. Repite esta técnica por todo el borde hasta obtener una superficie lisa y sin pliegues.

9 Corta el fondant sobrante con un cuchillo afilado.

Suaviza el lateral

Corta los restos

Acabado con alisador

10 Utiliza un alisador y deslízalo por la superficie y los laterales del pastel para crear un acabado liso y uniforme.

11 Desliza el lado plano de la rasqueta por el lateral del pastel para seguir alisando el fondant hasta que el borde inferior del pastel sea uniforme y no hayan grietas ni huecos entre el fondant y la base. Puede que sea necesario cortar el fondant sobrante en ese momento: si es así, alisa el borde de nuevo hasta obtener el acabado requerido.

12 Una vez cubierto el pastel y con el acabado del fondant lo más perfecto posible (no te preocupes mucho si hay algunos defectos de la superficie), déjalo a temperatura ambiente en un lugar seco para que se endurezca durante la noche. Nunca pongas un pastel cubierto de fondant en la nevera o en un recipiente hermético, pues eso hará que sude. Si tienes que guardarlo cubierto durante la noche, guárdalo en un armario o una caja de cartón para pasteles. (Ver la sección de almacenamiento de pasteles, pág. 86).

CUBRIR UN PASTEL DE FRUTA

Los pasteles de fruta poseen por naturaleza una textura más rugosa que los bizcochos, así que yo siempre cubro mis pasteles de fruta con mazapán antes de añadir la capa de fondant. Pero si no puedes utilizar mazapán porque no te gusta, o en caso de alergia, entonces usa dos capas de fondant. Una segunda capa es esencial, pues una capa de fondant no sería suficiente para cubrir los bultos del pastel causados por la fruta: así que la primera capa se usa como sustituto del mazapán, y la segunda capa tendrá un acabado mucho más liso.

Uso almíbar para pegar la capa de mazapán sobre el pastel, pero siempre lo hago con el alcohol que he usado en el pastel en vez de con agua.

MÉTODO PARA CUBRIR EL PASTEL

1. Si tu pastel tiene la superficie algo abovedada, córtala con un cuchillo de sierra para obtener una superficie plana. Luego gira el pastel y colócalo sobre una base como mínimo 50 mm/2" mayor que el pastel. A continuación, coloca el pastel (aún sobre la base) sobre un plato giratorio.
2. Amasa pequeñas cantidades de mazapán en forma de salchichas largas y úsalas para llenar los huecos de la base del pastel. Luego pasa una rasqueta por el borde de la base, presionándola contra las salchichas de mazapán para aplanarlas. Así tendrás una hermosa superficie plana en el lateral del pastel, lista para cubrirse.
3. Mide la circunferencia del pastel. Espolvorea la superficie de trabajo con una fina capa de harina de maíz (maicena). Extiende la mitad del mazapán restante formando una larga tira con la ayuda de las tablillas niveladoras: la longitud de esta tira deberá medir la circunferencia del pastel. Mide la altura del pastel y recorta la tira de mazapán (por el borde largo) hasta que coincida con la altura.
4. Pincela el almíbar en los laterales del pastel y recubre el borde con la tira de mazapán.
5. Recorta el mazapán donde se unen ambos bordes para crear una unión lisa.
6. Extiende el mazapán restante formado un círculo que coincida con la superficie del pastel: puedes usar los separadores para crear una superficie uniforme.
7. Pincela la superficie del pastel con almíbar y coloca el mazapán encima. Recorta el borde con un cuchillo afilado.

8 Utiliza dos alisadores para alisar el mazapán. Intenta crear un borde afilado en la superficie del pastel.
9 Deja reposar el pastel toda la noche para que el mazapán se endurezca.
10 Luego el pastel se cubre con fondant utilizando el mismo método descrito en las páginas 75-77 para el bizcocho. Pincela con almíbar de alcohol el mazapán para ayudar a que se pegue el fondant. También puedes usar agua o pegamento comestible.

Recorta la superficie

Rellena huecos con mazapán

Alisa el mazapán

Esparce maicena en la superficie

Haz una tira de mazapán

Pincela el pastel con almíbar

Cubre los lados con mazapán

Recorta la unión

Alisa la unión lateral

Coloca el mazapán en la superficie

Presiona

Presiona la unión superior

Recorta el exceso

Alisa el mazapán

Cubre superficie/lados con almíbar

Cubre con crema de mantequilla

Coloca círculo de fondant encima

Alisa el fondant abovedado

CUBRIR CUPCAKES LISTOS PARA PINTAR

Yo uso dos métodos diferentes para cubrir cupcakes, en función del estilo que quiero obtener. El primer método consiste en cubrir toda la superficie del pastel con una capa de fondant; el segundo es cubrir con un remolino de crema de mantequilla el pastel y luego con un disco de fondant pintado.

La primera técnica solo sirve para cantidades muy pequeñas de cupcakes pintados. Idealmente recomiendo una remesa de 12 y realmente no más de 36 (en función del diseño), pues estos pastelitos cubiertos pierden su frescura mucho antes que un pastel grande de capas. Normalmente hago cupcakes para el día en que van a comerse, como máximo el día antes. Pero esto no me deja mucho tiempo para hornear y cubrir una gran cantidad de cupcakes y pintarlos antes de que se pongan duros. Así que para evitar el problema, el método del segundo disco te da más tiempo para preparar las coberturas con antelación, y suelo usar esta técnica para crear torres de cupcakes para bodas o eventos que requieren cientos de ellos.

MÉTODO 1: CUPCAKES CUBIERTOS

1 Usa una espátula acodada pequeña para crear un montículo de crema de mantequilla sobre el cupcake, luego déjalo en la nevera 15-20 minutos hasta que la crema esté firme.
2 Amasa un poco el fondant hasta que esté flexible.
3 Esparce una capa fina de harina de maíz (maicena) sobre la superficie de trabajo y extiende el fondant con las tablillas niveladoras como guía.
4 Usa un cortador 20-30 mm/¾-1¼" más ancho que la superficie del cupcake para cortar círculos de fondant.
5 Coloca el círculo de fondant encima de la crema de mantequilla y alísalo sobre el glaseado. Utiliza la palma de la mano para crear una bóveda uniforme. Con la punta de tu índice, alisa el borde del fondant para que cubra toda la crema de mantequilla y no haya bordes afilados.
6 Cuando cubras pasteles grandes o galletas, deberás dejar secar el fondant toda la noche antes de pintar la superficie, pero los cupcakes deben comerse cuando aún estén tiernos, así que deja endurecer el fondant una hora como máximo antes de pintar.

Introduce la crema en la bolsa

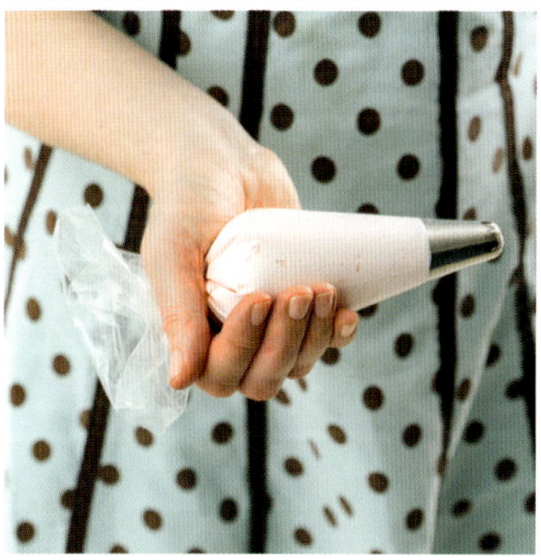

Sujeta bien el extremo de la bolsa

Extiende la crema en espiral

MÉTODO 2: CUPCAKES CON DISCOS DE FONDANT

1 Como mínimo 2 días antes de que necesites las coberturas, extiende pasta de modelar a un grosor aproximado de 2 mm/$\frac{1}{16}$". Corta círculos de fondant con un cortador de unos 50 mm/2" de diámetro y déjalos secar (normalmente durante la noche). Una vez secos, puedes pintarlos con el diseño elegido.

2 Coloca una boquilla grande de estrella en una bolsa para manga pastelera y luego rellena ⅔ de la bolsa con crema de mantequilla.

3 Sujeta bien el extremo de la bolsa y dispensa una estrellita de crema de mantequilla en el centro del pastel. Así darás volumen al remolino.

4 Empezando en el borde del cupcake, forma una espiral moviéndote hacia el centro del pastel, alrededor de la estrella inicial. En la parte superior, afloja la presión de la bolsa para formar un punto.

5 Espera hasta el último minuto para colocar los círculos sobre los cupcakes: normalmente lo hago in situ después de colocar los pasteles en su expositor, porque si hace demasiado calor o hay humedad, los círculos pueden fundirse o ablandarse... ¡y nadie quiere una cobertura blanducha!

CUBRIR CUPCAKES DE FRUTA

1 Esparce harina de maíz (maicena) sobre la superficie de trabajo y extiende el mazapán con las tablillas niveladoras como guía para conseguir un grosor uniforme. Utiliza un cortador del mismo tamaño que la superficie del cupcake para cortar círculos en el mazapán.

2 Pincela la superficie del cupcake con almíbar, coloca el círculo de mazapán encima del cupcake y utiliza la palma de tu mano para alisarlo. Cubre todos los cupcakes de este modo.

3 Esparce harina de maíz sobre la superficie de trabajo y extiende el fondant con las tablillas como guía para conseguir un grosor uniforme. Usa un cortador 20-30 mm/¾ - 1¼" más grande que la superficie del cupcake para cortar círculos de fondant.

4 Pincela el mazapán con almíbar.

Remolino de crema acabado

Coloca la cobertura

Cupcake con disco de fondant

5 Coloca el círculo de fondant sobre el mazapán y alísalo. Usa la palma de la mano para crear una bóveda. Con la punta de tu índice, alisa el borde del fondant para que cubra toda la crema de mantequilla y no hayan bordes afilados.

CUBRIR GALLETAS CON FONDANT

De nuevo dos métodos ligeramente diferentes que puedes usar para cubrir tus galletas. Si tienes que hacer grandes cantidades de galletas, te recomiendo que uses un cortador de galletas, aunque vayas a pintar un objeto o forma inusual: puedes colocar el dibujo elegido en el centro de una galleta circular o cuadrada. Para pequeñas cantidades de galletas, puedes cortarlas a mano con un modelo, pero lleva bastante tiempo, por lo que te recomiendo que evites esta técnica para tandas de, digamos, más de 40 galletas.

MÉTODO CON CORTADOR DE GALLETAS

1 Amasa un poco el fondant con las manos hasta que esté flexible.
2 Esparce una capa fina de harina de maíz (maicena) sobre la superficie de trabajo y extiende el fondant con las tablillas niveladoras como guía.
3 Cuando el fondant tenga el grosor requerido, alisa la superficie del fondant con un alisador hasta que no haya bultos ni marcas.
4 Usa el mismo cortador empleado para hacer las galletas para cortar la forma requerida.
5 Pinta la galleta con una fina capa de pegamento comestible.
6 Coloca el fondant recortado sobre la galleta, alísalo con la palma de la mano o con un alisador.
7 Si la galleta se ha extendido ligeramente durante la cocción, puede que haya un hueco entre su borde y el del fondant. Puedes cubrirlo alisando muy suavemente el fondant hasta el borde de la galleta, extendiéndolo ligeramente para cubrir los huecos.
8 Deja las galletas cubiertas de fondant en un lugar fresco y seco toda la noche para que se endurezcan antes de empezar a pintarlas.

CUPCAKES CUBIERTOS DE FONDANT

Pincela el cupcake con almíbar

Pon el mazapán encima

Pincela el mazapán con almíbar

Coloca el fondant sobre el mazapán

Alisa el borde con el dedo

Cupcake cubierto de fondant

GALLETAS CUBIERTAS DE FONDANT

Aplica pegamento comestible

Coloca el fondant sobre la galleta

Galleta cubierta de fondant

Recorta fondant con plantilla

Recorta masa con plantilla

Retira la masa sobrante

MÉTODO CON PLANTILLA

Normalmente uso papel y cartón para crear mi plantilla para este método, pero si tengo gran cantidad de galletas que cortar, entonces transfiero el diseño a una lámina de plástico rígida apta para uso alimentario, pues el papel puede quedar grasiento o mojado al cortar su contorno (y puede ensuciar el fondant) y también puede agrietarse o romperse si se usa demasiadas veces. Una plantilla de plástico se puede lavar, y puedes usarla para marcar el contorno tanto de galletas como de fondant sin desgarros.

1 Extiende el fondant con el método descrito en la página 84.
2 Coloca la plantilla sobre el fondant y recorta el borde con un cúter o un cuchillo afilado.
3 El resto de la técnica es igual a la descrita en la página 84.

GUARDAR FONDANT Y PASTELES CUBIERTOS

Todo el fondant sobrante que tengas se puede cubrir con film transparente y guardarse hasta que se necesite. Si va a pasar algún tiempo antes de que lo uses, entonces puedes guardarlo en el congelador y evitar que se endurezca. También puedes guardar así la pasta de modelar o la crema de mantequilla.

Una vez tengas del pastel cubierto con fondant, deberás tener mucho cuidado al guardarlo. Nunca lo pongas en la nevera porque cuando lo saques, el fondant empezará a sudar. También sudará si lo guardas en un recipiente hermético: los pasteles cubiertos con fondant es mejor guardarlos en un recipiente que permita circular un poco el aire, y a temperatura ambiente (pero procura no dejarlo demasiado cerca de una fuente de calor o de una ventana a pleno sol). Así que si quieres cubrirlo para guardarlo, guárdalo en un armario, o bien utiliza una caja para guardar pasteles que permita circular el aire.

Las coberturas de cupcake de pasta de modelar se pueden hacer y pintar unas semanas antes. Déjalas al aire hasta que se sequen por completo (puedes dejarlas dentro de un armario), luego guárdalas con cuidado en una caja de cartón, con papel de hornear entre cada capa. Puedes añadir un paquete de gel de sílice en la caja para que absorba la humedad, pero procura que esté bien cerrado y que no toque los discos.

Entiendo que si vives en un lugar muy caluroso y húmedo, el almacenaje fuera de la nevera puede ser problemático. No tengas miedo de que tus pasteles o galletas se estropeen si los dejas fuera durante la noche. Los pasteles tienden a ponerse duros más que a estropearse, pero para eso se necesita más de una semana, y las galletas durarán hasta un mes. Sin embargo la crema de mantequilla de debajo del fondant puede ablandarse ligeramente si hace demasiado calor y el fondant puede

sudar si la humedad es demasiado alta, dificultando el trabajo. Si tienes aire acondicionado, este mantendrá el fondant perfecto. Los deshumidificadores también pueden ayudar a mantener un pastel en perfectas condiciones. Y recuerda que puedes dejar el pastel en una caja para pasteles con un paquete de gel de sílice.

Si no tienes aire acondicionado, puedes añadir más azúcar glas a tu crema de mantequilla: si la crema de mantequilla es más firme, es menos probable que sobresalga de las capas. Por supuesto, será mucho más dulce, así que intenta encontrar el equilibrio para hacerla más firme pero que siga siendo sabrosa.

Si eso no funciona, puedes empezar a pintar sobre el pastel en cuanto lo hayas cubierto. Pero no debes usar demasiada agua, porque el fondant se empapará más rápidamente, y pon mucho cuidado en no apoyarte sobre el pastel, o dejarás marcas.

CREAR UN PASTEL DE PISOS

Una de las preguntas más habituales que me hacen mis alumnos es: «¿Debo montar un pastel de pisos primero y luego pintarlo, o debo pintar cada piso por separado y construir el pastel luego?». La respuesta es que yo siempre uno los pisos primero, porque es más fácil pintar todo el pastel una vez formados los pisos para que no haya problemas para alinear el dibujo, y así estoy segura de que no habrá huecos entre los pisos, lo cual ayuda a crear un acabado más agradable (y te ahorra el tener que camuflar áreas problemáticas con una cinta).

Pero la peor pesadilla de un decorador de pasteles es que se derrumbe un pastel de pisos formando una montaña de migas (en mi caso, estos sueños terroríficos siempre suceden en una sala llena de invitados, frente a una novia y un novio horrorizados). ¡Sácate estos terrores de la cabeza! Unir un pastel de pisos en realidad es bastante sencillo. Admito que la idea puede resultar abrumadora si nunca lo has hecho antes, pero si sigues estos sencillos pasos, en lugar de gritos de horror, tu pastel perfectamente equilibrado provocará exclamaciones de admiración.

PREPARAR PASTELES PARA UNIRLOS

1 El piso inferior del pastel puede colocarse sobre una base de tambor cubierta de 15 mm/⅝" como las descritas anteriormente. Los otros pisos del pastel también necesitan bases de pastel de soporte de no más de 4 mm/¼" de profundidad (ver la lista de utensilios para más detalles), pero de un modo ligeramente diferente. Las bases deben tener la misma anchura que los pasteles, así que coloca un pastel de 200 mm/8" sobre una base

Usa una base como guía

Inserta un palo como medida

Marca la longitud con tinta comestible

de 200 mm/8". No deberían ser bases de tambor de las gruesas. Es mejor usar bases de 2-4 mm/1/16-1/4" de grosor que no añadirán demasiada altura al pastel. Coloca la base bajo el pastel en el momento del relleno, así se incorporará en el pastel y el fondant que apliques la cubrirá por completo. Eso significa que cuando todos los pisos estén unidos, no verás ninguna de las bases. Esas bases darán un soporte uniforme al piso superior del pastel.

2 Comprueba en cada paso (tanto al rellenar como al cubrir los pisos con crema de mantequilla) que cada pastel está nivelado: resulta útil tener un pequeño nivel de burbuja para esto (pero úsalo únicamente para la decoración de pasteles, si no quieres añadir polvo de ladrillo al pastel). Si el pastel no está nivelado en ningún punto, añade un poco más de crema de mantequilla a la zona más baja y nivélalo. Luego cubre cada piso con fondant y vuelve a comprobar los niveles. Si en este punto ves que algún piso no está nivelado, presiona hacia abajo por el lado alto con un alisador para nivelarlo.

MÉTODO PARA AÑADIR PALOS AL PASTEL

Para aguantar los pisos del pastel necesitarás unos palos disponibles en tiendas de decoración de pasteles que pueden ser de plástico o madera: ambos tipos van la mar de bien para estos proyectos. Hay palos de plástico macizos o huecos (parecen cañas gruesas) y se pueden cortar con bastante facilidad con un cuchillo de sierra, o incluso con tijeras (solo los huecos). Los palos de madera se pueden cortar con alicates o con una sierra de arco pequeña, así que si solo tienes cuchillos o tijeras a mano, opta por los de plástico.

Los palos solo se usan para sustentar el piso situado encima de ellos, así que el piso superior no los necesita. Por eso no te he dado el número de palos necesarios en pasteles de 100 mm/4" y de 130 mm/5", pues son los tamaños más pequeños y siempre son el piso superior.

Advertencia: Nunca te dejes llevar por tu miedo a un pastel derrumbado y decidas insertar más palos de los que te aconsejo. Usar demasiados provocará el efecto opuesto: destruirán toda la estructura del pastel, y este se hará migajas. Eso es lo que pasa por ser demasiado cuidadosa.

Número de palos necesarios por tamaño de pastel

Pasteles redondos: 150 mm/6" - 180 mm/3,7" - 200 mm/4,8" - 230 mm/4,9" - 250 mm/5,10": 5

Pasteles cuadrados: 150 mm/6" - 200 mm/4,8": 4

Corta un palo a medida

Corta los otros palos

Inserta palos en el pastel

MÉTODO PARA CORTAR PALOS

1 Coloca el piso inferior del pastel en la base cubierta.
2 Toma una base del mismo tamaño que el piso inmediatamente superior y presiónala ligeramente en el centro de la superficie del piso inferior. Levántala con cuidado: debería quedar una leve marca de la base sobre el fondant. Esta será tu guía para colocar los pisos de modo que queden ocultos bajo la capa superior y no se vean.
3 Inserta el primer palo en el pastel dentro de la guía y relativamente cerca al borde, a unos 5 mm/¼". Empújalo un poco hacia abajo para que toque la base del fondo. Usa un rotulador de tinta comestible para marcar el punto del palo que sobresale del pastel. Saca el palo y córtalo por la altura marcada. Corta el resto de palos para este piso usando este primer palo como medida.
4 Inserta los palos en el pastel, procurando que estén bien distanciados y justo dentro del borde de las guías (en un círculo o cuadrado). Repite los mismos pasos para cada piso.

MÉTODOS PARA UNIR LOS PISOS

Hay dos métodos diferentes para crear un pastel unido.

El primero es cubrir todos los pisos con fondant y luego dejar que se endurezcan toda la noche antes de unirlos. Este método ayudará a evitar que hagas marcas en el fondant al unirlos, pero la desventaja es que tienes más probabilidades de acabar con espacios entre las capas. Puedes arreglar los huecos llenándolos con cuidado con glasa real (mezclada con el color del fondant) o «alargando» algo de fondant (es decir, añadiendo agua a un trozo de fondant hasta conseguir una consistencia mucho más blanda). Luego puedes alisar el relleno para crear una superficie lisa.

El otro método es cubrir cada pastel de uno en uno y luego unirlos inmediatamente por orden, añadiendo cada capa a la inferior antes de cubrir la siguiente con fondant. Esto puede provocar más marcas sobre el fondant, claro (porque es más blando cuando estás trabajándolo), pero ayuda a crear un mejor ajuste entre los pisos.

Une un pastel de pisos

Se trata realmente de una elección personal. Yo suelo usar la segunda opción, así el pastel pasa menos tiempo esperando, y estará más reciente. Puedes usar diferentes métodos para pegar los pisos: usar una gota de glasa real, «alargar» un poco de fondant hasta que esté pegajoso, o emplear un poco de pegamento comestible.

1 Una vez insertados los palos en la capa inferior, añade el pegamento (o lo que uses como solución adherente) a la superficie del pastel, procurando que esté dentro de la guía del piso superior.
2 Toma el piso siguiente: desliza suavemente tus manos bajo su base y llévalo sobre el piso inferior (por supuesto, cuanto más cerca estén los pasteles en ese momento, menos posibilidades hay de que se caiga). Baja con cuidado el segundo pastel sobre el de abajo, usando las guías para colocarlo en el centro, sobre el piso inferior. Coloca la parte más lejana de la base en el piso inferior y retira las manos. El pastel superior debería tener solo un pequeño espacio hasta situarse sobre el piso inferior. Comprueba que el segundo pastel está colocado en el centro: si está fuera del centro, empújalo con cuidado (con muuucho cuidado...) desde el lado y con presión uniforme hasta la posición correcta. Puede que tengas que volver a alisar el lado que has apretado si hay huellas dactilares.
3 Repite el proceso de colocar palos en el segundo piso, luego añade el piso siguiente como se ha descrito anteriormente. Sigue colocando los palos hasta el piso final.
4 Si unes los pisos poco después de haberlos cubierto con fondant, puedes usar tus alisadores para asegurarte de que no hayan huecos entre las capas. Si los pasteles ya están demasiado duros para hacer esto, rellena todos los huecos con glasa real o fondant.

UNIR UN PASTEL DE DOBLE BARRIL

Un pastel de doble barril parece un pastel de doble altura, pero se crea para cubrir dos pasteles del mismo tamaño con un solo trozo de fondant. Así el pastel tiene más soporte estructural, y también te sirve para cortar el pastel, una manera de evitar que acabes con un gran trozo alargado de pastel. Unir los dos pisos de pastel es relativamente fácil, pero cubrirlos con fondant, no. Procura que cuando pruebes este proceso en particular, estés muy tranquila: ponte algo de música relajante y toma una infusión de manzanilla.

El pastel Flor de cerezo (ver pág. 119) es el único proyecto de este libro que requiere un pastel de doble barril de 130 mm/5", aunque también se puede hacer con tres pisos convencionales si lo prefieres.

1. Empieza con los dos pasteles de 130 mm/5" sobre bases de 130 mm/5", rellenos y cubiertos con una capa de sellador de migas (ver pág. 74).
2. Pon tres palos a uno de los pasteles espaciados uniformemente a 20 mm/¾" del borde del pastel.
3. Coloca el pastel sin los palos sobre el otro, procurando alinear los bordes de los pasteles.
4. Cubre ambos pasteles con sellador de migas. Comprueba la nivelación de los pasteles con un nivel de burbuja y añade más crema de mantequilla en el lado más bajo si es necesario. Deja el pastel de doble barril en la nevera 15-30 minutos. Sácalo cuando la crema de mantequilla se haya endurecido.
5. Extiende el fondant del modo habitual y colócalo sobre el pastel.
6. La superficie del pastel es donde te pueden surgir más problemas, pues al tratarse de una gran pieza de fondant, es fácil estirarla demasiado y romperla. Trabajando con rapidez, presiona todo el fondant de la parte superior del pastel. Sigue bajando por el lateral del pastel, pero no presiones el fondant hacia abajo.
7. Verás que hay más pliegues de fondant y más grandes cerca del lateral del pastel que en un pastel de medida normal. Deshazlos y empuja el fondant de nuevo hacia el pastel con el método descrito para un pastel de medida normal (pág. 76).
8. Alisa, recorta y acaba el pastel con el método descrito para un pastel de medida normal (ver pág. 77).
9. Si hay pequeñas imperfecciones en el fondant, llénalas de glasa real. Opcionalmente puedes «alargar» algo de fondant, rellenar las rasgaduras y alisar el área con una rasqueta. Procura que esta área quede en la parte posterior del pastel.

— Capítulo 5 —

Proyectos de pintura

PROYECTOS DE PASTELES

Ya has aprendido la teoría, ya has hecho tu pastel y lo has recubierto a la perfección, así que ahora toca empezar a pintar, espero que esto te emocione, ¡porque a mí sí!

Aunque me encanta hacer pasteles, pintar es mi parte favorita del proyecto, sin embargo sigo poniéndome nerviosa cuando empiezo un diseño y me pregunto si saldrá bien. Supongo que es algo así como pánico escénico: si no me preocupara, quizás eso significaría que ya me aburre el proceso, así que bienvenidos sean los nervios.

Si no has pintado nunca antes (y mucho menos sobre fondant), seguro que tienes un montón de mariposas en tu estómago, pero no dejes que esto te detenga. Te aseguro que el placer que obtendrás agarrando tu pincel compensará todos los nervios que sientas. Pero hasta que ganes seguridad, consulta el capítulo Técnicas de diseño y pintura cuando empieces un nuevo proyecto.

He creado algunos proyectos muy sencillos para que pruebes el agua. Empieza con estos y ve trabajando gradualmente con los más avanzados. En cuanto confíes más en tus capacidades, será el momento de salir «a la pista». Mezcla los proyectos: haz una versión dorada del pastel rosa, o añade pensamientos al pastel base, o... ¿por qué no creas un diseño totalmente propio? Pero ahora toca mojarse (el agua está caliente, te lo aseguro) y empezar a pintar. ¡Estoy ansiosa por ver tus creaciones!

Claves de proyecto

Indican el nivel de dificultad según la pintura del proyecto más que la cobertura y ensamblaje del pastel.

- Muy fácil ●
- Fácil ● ●
- Regular ● ● ●
- Difícil ● ● ● ●
- Avanzado ● ● ● ● ●

FLOR DE MIMOSA

Diseñé este pastel para la fiesta por el nacimiento del bebé de una amiga cuya temática eran las mimosas. Es un diseño muy sencillo y muy fácil de pintar, así que resulta perfecto para un principiante. La flor de mimosa se pinta con pinceladas sencillas para los tallos, y una serie de gotas (¡mi término supertécnico!) para las flores. Es también un diseño muy flexible, puedes permitirte algunos errores al pintar.

El truco para que el diseño parezca realista es no pintar los elementos demasiado uniformes: no hagas las gotas demasiado circulares, intenta distribuirlas aleatoriamente por la rama. Pinta las líneas de las ramas con trazos que giran y se rompen, y, al igual que las flores, espácialas desigualmente por el pastel. Puede sonar contrario a la intuición pintar así de «desigual», pero es el modo de hacer que algo parezca más natural y se aleje de un patrón estilizado.

No he creado un adorno para rematar este pastel, pero necesitará uno. Hay un montón de hermosas coberturas *(toppers)* disponibles en páginas web de manualidades, o puedes añadir flores frescas. Si vas a añadir flores, asegúrate de que no sean tóxicas, y corta un pequeño círculo de celofán apto para uso alimentario y colócalo bajo las flores para impedir que el agua afecte al fondant.

EQUIPO

Pinceles del 4 y el 0

Colores

Amarillo, naranja, marrón

1 pastel de 150 mm/6" con fondant blanco

1. Pinta una serie de puntos amarillos con el pincel del 4 para crear la flor de mimosa. No necesitas hacer círculos perfectos, procura que tengan formas diferentes: los «goterones» están bien. Procura mantener desiguales las flores, con algunas gotas juntas arriba, luego quizá dos en un lado, y en el lado opuesto lo que podría ser el tallo, una flor sola, o quizá tres juntas.

2. Añade un toque de naranja a cada flor amarilla. No te preocupes si los colores se mezclan un poquito, esto añadirá más efecto. Pero si ves que los colores están goteando por el pastel, entonces tu pincel está demasiado mojado.

3. Usa el pincel del 0 con marrón puro para pintar los tallos. Intenta hacer las pinceladas lo más leves posibles. Dibuja cada tallo con un ángulo algo diferente y procura que no queden demasiado rectos. Si añades giros e interrupciones en el tallo, lo harás más realista: evitarás marcas pesadas y sin movimiento.

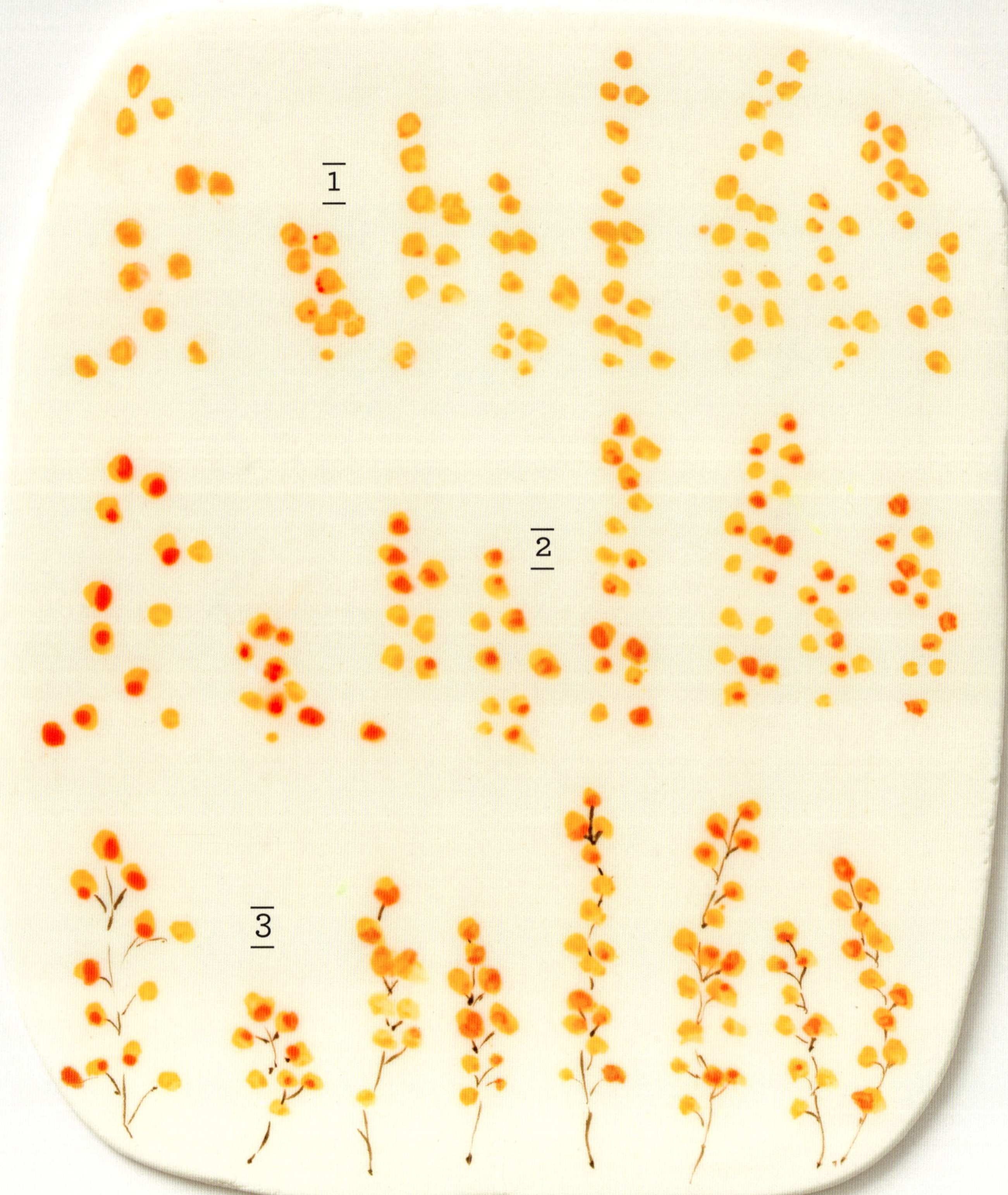
1
2
3

Insignia Plate

SILUETA NEGRA

Puede sorprender, pero no a todo el mundo le gusta un hermoso pastel floral (ya lo sé, parece increíble, ¿verdad?). Y aunque mi apetito de rosas abiertas es insaciable, también me gustan los diseños más modernos y llamativos.

Este proyecto es muy fácil de pintar y causa un gran impacto. Puedes cambiar la paleta de color para crear un efecto totalmente distinto, pero me gusta el toque a lo «Gran Gatsby» en negro, dorado y gris. El pastel Gatsby, si queréis...

EQUIPO

Pincel del 4

Papel de calco

Lápiz no tóxico

Colores

Negro, dorado metálico

1 pastel de 200 mm/8" con fondant de un tono medio de gris

1. Agranda la plantilla *(plantilla 1, pág. 224)* al 145% y cálcala sobre papel de calco. Calca las flores con la plantilla por todo el pastel, procurando que estén bien espaciadas y que quede bastante lugar entre ellas para añadir los puntos.

2. Pinta el centro de las flores y los puntos entre ellas con dorado metálico. Puede que tengas que aplicar dos capas para garantizar una cobertura uniforme, pero procura que la primera capa esté totalmente seca antes de añadir la segunda.

3. Cuando el dorado esté seco, pinta el contorno de las flores en negro.

ENCAJE

Cuando celebramos con mi marido un aniversario especial (los dos cumplimos 21... ¡de nuevo!) le pregunté sobre sus preferencias para decorar la fiesta. Su respuesta fue mirarme como si le hubiera sugerido alquilar un elefante y volar a la luna: creo que el concepto de decorar fiestas hasta el mínimo detalle no le había pasado nunca por la cabeza.

Así que dediqué algún tiempo a explicarle la necesidad apremiante de elegir un tema y una paleta de color, o nuestro gran festejo sería un desorganizado desastre. No parecía captar lo importante que era eso, pero finalmente logré sonsacarle una opinión, del tipo «algo no demasiado femenino». (Sabía por experiencias anteriores que había muchas probabilidades de que yo llenara la entrada de rosas y purpurina).

Encontrar un tema que nos gustara a los dos y que me diera el tiempo suficiente para ir a comprarme un vestido y unos zapatos, e ir a la peluquería, era sin duda más fácil de decir que de hacer. Pero me encantan los retos. Finalmente di con un tema en verde, gris y plateado, con decoración de musgo y helechos en las mesas. Hice tres pasteles más pequeños para una mesa de postres a conjunto con los colores elegidos, y este pastel de encaje era uno de ellos.

Puedes usar cualquier marcador o molde de textura de encaje que encuentres. Preferentemente debería tener un borde festoneado o con una forma interesante, pero el borde opuesto no es tan importante, pues se corta recto a lo largo del borde del pastel. Obviamente, te será muy fácil cambiar el estilo de este diseño si juegas con los colores o añades otra decoración.

EQUIPO

- Pincel del 4 y otro para pegar
- 200 g/7 oz de pasta de modelar
- Pegamento comestible
- Papel de calco
- Lápiz no tóxico
- Cúter
- Pistola de modelar
- Marcador de textura de encaje

Colores

- Gris, negro
- 1 pastel de 150 mm/6” con fondant marfil. Necesitarás un pastel algo más alto de lo normal (unos 100 mm/4” de alto).

1. Tiñe la pasta de modelar gris claro: añade gradualmente una pizca de color y amasa bien hasta obtener el tono correcto.

2. Reserva un poco de pasta para sellar. Extiende la mitad de la pasta de modelar restante formando una cinta fina lo bastante larga como para rodear todo el pastel. Coloca el marcador de encaje sobre la pasta, presiona con firmeza y retírala. Si no ves el dibujo de encaje lo bastante claro, deberás empezar desde el principio: no vale la pena recolocar el marcador sobre el dibujo que has hecho para marcarlo más.

3. Corta con cuidado el borde festoneado del dibujo con un cúter, y luego corta limpiamente el borde opuesto en línea recta.

4. Pincela con pegamento el borde superior del lateral del pastel y pega la cinta de encaje sobre el pastel, alineando el borde recto de tu recorte con la superficie del pastel. Procura unir ambos extremos de la cinta en la parte trasera del pastel, y recorta la pasta sobrante.

8
9
10
11

Corta el borde festoneado

Pega la cinta al pastel

Sella la junta con pasta

5 Pincela una línea fina de pegamento alrededor de la parte superior de la cinta de pasta.

6 «Alarga» un poco de la pasta de modelar gris (es decir, mezcla un poco de agua para que sea menos rígida). Luego, con un orificio redondo medio en la pistola, dispensa una línea de la pasta gris alrededor de la superficie del pastel, con la unión detrás.

7 Repite el proceso anterior con la segunda tira de encaje, pegándola en el borde inferior del pastel, y pega una línea de la pasta de modelar con la pistola en la base del encaje.

8 Calca el diseño de la plantilla *(plantilla 2, pág. 224)* sobre papel de calco, y luego transfiere la plantilla alrededor del centro del lateral del pastel. Puede que tengas que añadir algunos tallos más grandes, o incluso hacerlos más cortos para que el diseño se ajuste bien al pastel.

9 Pinta flores, hojas y tallos con el pincel del 4 en gris pálido.

10 Usa gris puro para añadir definición y sombras a flores y hojas.

11 Mezcla una pequeña cantidad de gris y negro para pintar el centro de las flores y añadir un ligero toque en algunas hojas.

12 Acaba el pastel con un montón de velas, pero si este símbolo del paso de los años puede angustiar al destinatario del pastel, puedes añadir flores frescas en su lugar (asegúrate de que no sean tóxicas) u otro adorno alternativo.

UNA ROSA

Un diseño muy sencillo de recrear: una sola flor repetida por todo el pastel. Para este proyecto he usado una rosa, pero puedes sustituirla fácilmente por otra flor. Margaritas, pensamientos u hortensias irían igual de bien. Lo que intento decirte es que uses la flor que quieras. He empleado tonos amarillentos en este pastel. Por supuesto, puedes pintarlo con diferentes colores, pero me encanta esta paleta de colores brillantes y alegres.

EQUIPO

Pincel del 8 y del 4 (opcional)

Papel de calco

Lápiz no tóxico

Colores

Amarillo, verde claro, naranja, blanco, verde oscuro, rosa

1 pastel de 150 mm/6” con fondant amarillo pálido

1. Usa la plantilla *(plantilla 3, pág. 224)* para calcar el contorno de la rosa y las hojas, y transfiere el diseño al pastel. Procura que las flores estén bien distribuidas por el pastel y orientadas en diferentes direcciones en lugar de en la misma.
2. Con la pintura amarilla y el pincel del 8, pinta las rosas, procurando dejar algunas zonas sin pintar. Verás que es más difícil crear diferencias tonales al usar amarillo porque es un color muy claro, pero no te preocupes demasiado, pues más tarde aplicarás naranja y rosa para crear tonos más oscuros.
3. Pinta las hojas con un tono de verde claro. Vuelve a dejar algunas zonas sin pintar. Si hay pequeños huecos en tu diseño siempre puedes añadir algunas hojas más en este momento.
4. Añade detalles a las rosas con un tono medio de naranja.
5. Añade una segunda capa de naranja puro.
6. Ilumina un poco las flores y las hojas con blanco.
7. Sombrea un poco las hojas con verde oscuro puro.
8. Pinta la capa final de sombra en el centro de la rosa con rosa puro.
9. Si quieres puedes añadir algún detalle rosa en algunas de las hojas (pero no a todas). También puedes añadir algunos puntos rosas al diseño: puede que quieras cambiar al pincel del 4 para eso.

1
2, 3
4
5, 6
7, 8
9

BOSQUE

Una de mis hijas (cuyo nombre no mencionaré, pero ya sabe quién es) tiene una verdadera obsesión por los búhos. Esta pasión se inició tras una visita a un santuario de búhos que coincidió con nuestra lectura de *El búho que tenía miedo a la oscuridad,* de Jill Tomlinson. Desde entonces, ha llenado la casa con un montón de búhos de peluche, y se niega a llevar ropa donde no aparezca su pájaro. Sospecho que incluso comería ratones si pudiera. Cada año hago para mi familia una casa de jengibre pintada, y el año en que empezó su obsesión recibí una petición de hacerla con búhos. Creé una serie de pasteles en forma de pajareras con varios búhos posados en ellas, dándoles un ligero toque vintage mediante plantillas básicas con una paleta limitada.

Quería crear un proyecto para ti, así que sustituí la pajarera por un hermoso árbol donde se posara el búho. También me pareció que estaría un poco solo, así que le añadí algunos amigos del bosque para que le hicieran compañía. Creo que mi fan de los búhos estaría de acuerdo.

Este diseño sería fácil de replicar en un pastel más pequeño, o incluso en un pastel redondo. Solo tienes que reducir la plantilla del árbol y los matorrales para que se ajusten a la superficie del pastel que elijas.

EQUIPO

- Pinceles del 8, 4 y 0, y otro para pegar
- 150 g/5½ oz de pasta de modelar
- Pegamento comestible
- Papel de calco
- Lápiz no tóxico
- Cúter
- Base de espuma
- Palos piruleta (150 mm/6")
- Palillos (opcional)

Colores

- Marrón, rosa, verde claro, marrón, azul
- 1 pastel cuadrado de 200 mm/8" con fondant blanco

1 Método para la placa del árbol *(ilustrado en pág. 114)*

a Extiende la pasta de modelar a un grosor uniforme de 4-5 mm/¼". Haz una bola con la pasta restante y envuélvela en film transparente para que no se seque antes de volverla a usar.

b Agranda la plantilla *(plantilla 4, pág. 225)* al 120% y calca el contorno de la placa sobre la pasta de modelar extendida. No necesitas calcar todos los elementos del diseño, solo el contorno principal: el tronco del árbol y las ramas, el contorno del matorral y el búho. El resto de elementos más pequeños son formas tan simples que las puedes pintar directamente sobre la placa. Si lo haces así, tus colores tendrán más claridad que mezclados con líneas a lápiz.

c Corta la placa con un cúter.

d Usa un tono claro de marrón con el pincel del 8 para pintar el tronco y las ramas.

e Cambia al pincel del 4 y usa un tono claro de rosa para pintar la parte externa del cuerpo del búho y las flores del matorral.

f Pinta el resto del búho con un tono verde claro y luego agrega las hojas.

g Cuando la primera capa de color esté seca, cambia al pincel del 0 y pinta los contornos y los puntos que discurren por los lados del tronco con marrón oscuro.

Pega fondant sobre el palito

Presiona suavemente

Acabado del dorso

h Pinta puntos azules alrededor de las hojas del árbol. Deja que la placa se endurezca sobre una base de espuma.

i Una vez la placa esté firme y la pintura seca, gírala. Coloca el palito de piruleta en el dorso, justo en el centro, asegurándote de que pasa por el centro del tronco del árbol, por la parte más delgada, donde es más frágil. Pega dos rectángulos (10 x 30 mm/ ½ x 1¼") de pasta de modelar sobre el palillo. Deja la placa cara abajo hasta que el pegamento se seque por competo.

2 Método para las dos placas pequeñas *(ilustrado en la pág. 114)*

a Extiende la pasta de modelar a un grosor uniforme de 4-5 mm/¼". Haz una bola con la pasta restante y envuélvela en film transparente para que no se seque antes de volver a usarla.

b Agranda las plantillas *(plantillas 5 y 6, pág. 225)* al 120% y calca el contorno de las dos placas pequeñas sobre la pasta de modelar extendida. Aquí tampoco calques los elementos pequeños del diseño, solo el contorno principal.

c Corta las placas.

d Pinta las flores con tonos claros de azul o rosa.

e Pinta el zorro y el erizo con un tono marrón claro.

f Borra las marcas de lápiz del contorno de los matorrales y luego pinta las hojas y los puntos alrededor con un tono verde claro.

g Contornea los animales y las hojas con marrón puro y pincel del 0. Deja secar las dos placas sobre una base de espuma.

3 Método para pintar el lateral del pastel *(ilustrado en pág. 114)*

a Dibuja el contorno de la enredadera en verde claro y con pincel del 0. La enredadera debería tener muchas ramas muy circulares. Procura que esta parte de la enredadera llegue al borde inferior del pastel y parezca que va más allá de ese punto. Procura no acabar con una línea blanca rodeando la base del pastel.

b Cambia al pincel del 4 y pinta las hojas con un tono medio de verde claro.

c Pinta las flores azules al final de las ramas. Si hay huecos en el diseño, siempre puedes añadir una flor o dos sueltas para llenarlo. Pinta un punto rosa en el centro de cada flor.

d Contornea las hojas con marrón puro y el pincel del 0.

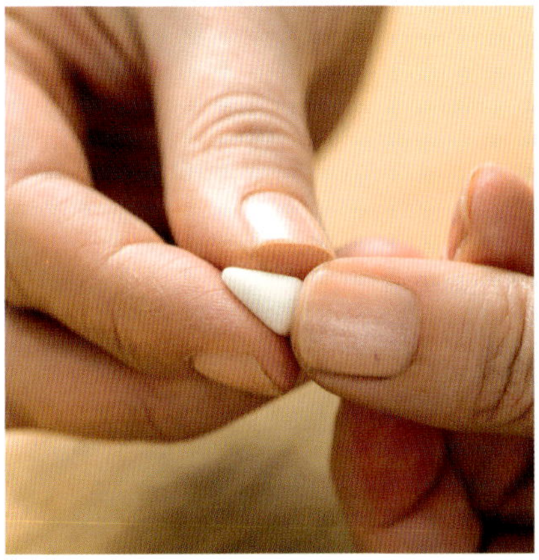

Forma un cono de fondant

Haz una marca en la bola

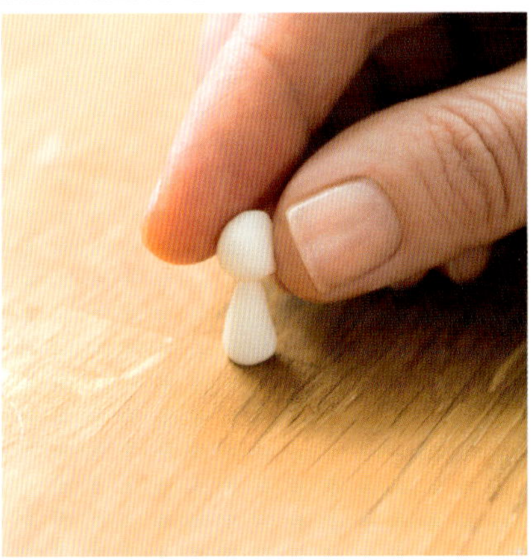

Pega la seta

4 Método para hacer pequeñas setas de fondant

a Toma un pedacito de fondant de unos 7 x 2 mm/⅜ x 1⁄16" y forma una salchicha con la punta de los dedos. Luego presiona un extremo formando una superficie plana mientras giras el otro extremo entre el pulgar y el índice, formando un cono, la base de tu seta.

b Toma un pedacito similar de fondant y forma una bola. Presiona el extremo de un palito de piruleta en un lado de la bola y moldea los lados de la bola alrededor del palito con los dedos. Ya tienes el sombrero de la seta.

c Pega el sombrero de la seta sobre el cono.

d Puedes cambiar la forma y el tamaño de tus setas, pero no las hagas demasiado grandes, pues la gracia está en que sean pequeñas.

5 Una vez secas, coloca las placas sobre el pastel. Ten cuidado con la placa del árbol: puede que te ayude hacer un agujero en el pastel con un palito de piruleta primero. Deberías poder pegar las placas pequeñas directamente sobre el pastel, pero si te cuesta (normalmente porque el borde inferior no es completamente recto, o bien la pasta de modelar es demasiado fina), puedes pegar un palillo en el dorso de las placas y aguantarlas así.

6 Pega las setas sobre el pastel (también puedes añadir algunas a la base del pastel si quieres).

1d–f
1g, h
2c–e
2f, g
2c–e
2f, g
3b
3a
3c
3d

NAVIDAD

Por más que me encante hacer pasteles, sé por experiencia que cuando llegan las Navidades, después de pasar todo el domingo previo al Adviento preparando un delicioso pastel de Navidad y alimentarlo puntualmente con brandy las semanas siguientes, no me quedan ganas de invertir más tiempo del necesario encerrada en mi cocina, luchando con el fondant. En esas fechas tan señaladas siempre hay que envolver regalos, escribir tarjetas y asistir a fiestas, así que este es el diseño perfecto para un pastel de Navidad familiar fácil, divertido, y lo mejor de todo, rápido. Es lo bastante sencillo como para que lo hagan tus hijos, y tendrás tiempo para perfeccionar tu receta de rompope (¡o recuperar horas de sueño!).

Te aconsejo que uses un pastel de 150 mm/6", pero puedes hacerlo del tamaño que quieras, según los comensales que tengas el día de Navidad. Solo tendrás que agrandar la plantilla para que el diseño se ajuste bien a la superficie del pastel.

EQUIPO

- Pinceles del 8, 4 y 0, y otro del 8 para pegar
- 100 g/3½ oz de pasta de modelar
- Pegamento comestible
- Papel de calco
- Lápiz no tóxico
- Cúter
- Copos de nieve blancos (o nonpareils blancos)
- Cinta

Colores

- Azul, rojo, amarillo, blanco, marrón
- 1 pastel de 150 mm/6" con fondant blanco

1. Extiende la pasta de modelar a un grosor de 2 mm/1⁄16". Calca el contorno de la plantilla *(plantilla 7, pág. 226)* con el lápiz no tóxico y córtala con el cúter para hacer la bola de cristal de nieve. Pinta con pegamento el dorso de la forma y pégala sobre el pastel.

2. Pinta con el pincel del 8 un tono de azul pálido para crear sombras en la figura del muñeco de nieve y el cartel. Pinta el sombrero y la bufanda con amarillo puro. Pinta con un tono medio de rojo la base de la bola de cristal. Mezcla un poco de rojo y amarillo para crear un tono amarillo, y pinta la nariz de zanahoria con el pincel del 4. Mezcla un poco de rojo con blanco para obtener rosa pálido y pinta las mejillas rosadas del muñeco.

3. Con el pincel del 8 ilumina de blanco el sombrero y un lado de la base.

4. Sombrea con rojo puro el otro lado de la base. Cambia al pincel del 0 y pinta en rojo puro un mensaje en el cartel, los puntitos de la bufanda y el sombrero y los flecos de la bufanda.

5. Con el pincel del 0 pinta de marrón puro los contornos. No tiene que ser una línea continua, en realidad tendrá mejor apariencia si hay interrupciones y diferencias de grosor de las líneas.

6. Pega los copos de nieve sobre la bola de cristal.

7. Pinta con el pincel del 0 y un tono medio de azul las estrellas sobre el pastel.

8. Acaba el pastel atando una cinta alrededor del lateral, con una hermosa lazada delante.

FLOR DE CEREZO

He pasado un montón de tiempo navegando por la red en busca de pasteles decorados (es un trabajo duro, pero alguien tiene que hacerlo). Un diseño que siempre he admirado en un pastel decorado es una rama moldeada de flor de cerezo, así que decidí crear mi propia versión pintada. Como la flor de cerezo solo está pintada en la parte frontal del pastel, es un diseño realmente rápido. Puedes añadir unas cuantas flores bailando por el lateral del pastel si quieres, para añadirle más interés (o si eres como yo, para cubrir pequeñas imperfecciones del fondant).

He usado un pastel de doble barril (dos pasteles de 130 mm/5" unidos y cubiertos por una lámina de fondant, ver págs. 90-91) para el piso superior. No pretendo venderte la moto, pues es una técnica especialmente difícil de dominar, así que si la idea de cubrir un pastel así te supera, recrea este pastel usando tres pisos normales.

EQUIPO

Pinceles del 4 y del 0

Colores
Rosa, blanco, amarillo, verde claro, marrón

1 pastel de dos pisos, formado por un pastel de 180 mm/7" y otro de doble barril de 130 mm/5" con fondant blanco (o 1 pastel de 3 pisos de 200 mm/8", 150 mm/6" y 100 mm/4")

1. Esboza la estructura básica de las ramas sobre el fondant (véase pág. 120) pintada de marrón muy claro o dibujada con un lápiz no tóxico.
2. Mezcla un tono pálido de rosa y pinta las flores con el pincel del 4. Cada flor está formada por cinco pétalos redondeados. Deja el centro de cada flor libre de pintura, así cuando añadas el amarillo no se emborronará. Puedes añadir algunas flores pintadas que parezcan vistas de lado: tendrán dos o tres pétalos y una pequeña gota de verde en su base para indicar el receptáculo de la flor.
3. Mezcla un tono medio de rosa y sombrea un poco las flores. Ilumina con algo de blanco las flores.
4. Pinta un pequeño círculo de amarillo en el centro de cada flor.
5. Pinta las flores con un tono pálido de verde claro. También puedes añadir algunos tallos a algunas de las flores y hojas, pero usa el pincel del 0, para crear una hermosa línea fina, y no olvides añadir los receptáculos.
6. Sombrea y añade otros detalles a las hojas con verde claro puro.
7. Pinta las ramas con un tono medio de marrón.
8. Sombrea las ramas con marrón puro.
9. Vuelve a usar el marrón puro, pero con el pincel del 0: pinta puntitos rodeando el centro amarillo de las flores.

2
5
1
3
4
6
9
7
8

ROSA SENCILLA

Este es el primer diseño que hice para las clases. Las rosas eran una opción obvia, la mayoría de mis estudiantes quieren aprender a pintarlas, y he pintado muy pocos pasteles de boda que no incluyan una o dos rosas en el diseño. Cuando domines este diseño, habrás aprendido la base para crear dos versiones diferentes de una hermosa rosa.

La primera rosa está pintada como si la miraras de lado, mostrando sus hermosos pétalos abiertos, y la otra parece que vemos su centro desde arriba.

El truco para perfeccionar una hermosa rosa es crear una verdadera diferencia en el valor tonal de los colores. En la rosa debería haber un tono rosa muy claro o blanco para las zonas luminosas, e ir pasando a un tono mucho más oscuro para las sombras del centro. Cuando los artistas principiantes pintan rosas sobre fondant lo hacen con poca variación tonal en cada flor. Esto es fácil de evitar: procura que el centro de la flor sea por lo menos tres tonos más oscuro que el punto más claro y tu dibujo se verá estupendo.

EQUIPO

Pinceles del 8 y el 4

Papel de calco

Lápiz no tóxico

Colores

Rosa, azul, morado, verde claro, verde brillante, blanco, verde, amarillo, marrón oscuro

1 Usa un tono muy pálido de marrón para esbozar el contorno del diseño sobre tu pastel. Cada grupo de flores que vayas a pintar debe tener básicamente dos rosas, un ramillete de nomeolvides y algunas hojas, pero ahora esboza solo círculos para indicar las rosas. Ya añadirás las hojas al diseño después de pintar las flores. Las hojas son perfectas para llenar huecos y espacios en el diseño, y si las dejas para el final, eso te permitirá obtener un mejor resultado global. Procura que haya un espacio uniforme alrededor de cada grupo individual para dejar suficiente espacio a las hojas. Yo normalmente dejo un espacio de unos 50 mm/2". Una vez acabado el croquis, usa las plantillas y el papel de calco para transferir el contorno de las flores. Agranda las plantillas *(plantillas 8-12, pág. 228)* al 140%.

2 Mezcla un tono de rosa muy pálido y usa el pincel del 8 para crear los pétalos de la primera rosa (la de vista lateral). Añade algunas hojas alrededor de esta flor en verde claro, y luego usa un tono más oscuro de rosa para crear la primera capa de color para la segunda rosa (la rosa que se ve desde arriba). Usa tonos claros de azul y morado para pintar la primera capa de nomeolvides. Cada nomeolvides se crea pintando cinco pétalos redondos, pero los pétalos de cada flor no deben encontrarse en el centro, para dejar sitio para el centro amarillo. Algunos de los pétalos de los nomeolvides deberían pintarse para que parezca que están detrás de

la rosa o las hojas. Procura no dejar un espacio entre la rosa y los nomeolvides, parecería poco natural. Para completar esta capa, llena el resto de hojas con tonos claros de verde claro y verde brillante.

3 Ahora mezcla un tono algo más oscuro de rosa y trabaja en el centro de la primera rosa. Añade algo de rosa más oscuro en un lado de la flor para crear efecto de sombra. Luego usa otro tono más oscuro de rosa para la siguiente capa de la segunda rosa, centrándote de nuevo en el centro y la parte más oscura de la flor: en este punto, esta rosa emerge de debajo de la primera, y tiene hojas encima. Añade un poco de azul y morado puro a algunos de los pétalos de nomeolvides. Pinta más detalles en las hojas con verde claro puro, y no olvides pintarlas en dirección de las venas de las hojas (como se describe en el capítulo Técnicas de diseño y pintura, pág. 41).

4 En el lado claro de la primera rosa, añade unas pinceladas de blanco (pero sin exagerar). También puedes iluminar con blanco las hojas y los nomeolvides. Pinta en algunas hojas más detalles con verde oscuro puro. Añade un punto amarillo en el centro de cada nomeolvides.

5 Cuando la pintura del paso anterior se ha secado y está algo viscosa, añade marrón puro en el centro de las rosas y unas pinceladas en las hojas. Si quieres, puedes añadir algo de rosa puro en los lados de algunas hojas de las rosas. Por último, pinta con el pincel del 4 puntitos de morado puro en los extremos de los pétalos de los nomeolvides.

2
3
4
5

40

GUIRNALDAS DE BANDERAS

El pastel de guirnaldas de banderas es fácil de hacer, pues al pintar primero los elementos y luego pegarlos en el pastel se elimina todo el estrés, ya que no tienes que hacer el dibujo bien a la primera. Si pintas una bandera y no te gusta, puedes empezar de nuevo fácilmente y hacer una mejor.

Si te pones de los nervios al pintar, puedes imprimir estampados en el fondant y cortarlos en forma de banderas. No necesitas una impresora de fondant, puede que encuentres alguien cerca que tenga un equipo de impresión comestible. Si no, hay empresas en la red que ofrecen este servicio. También puedes comprar hojas de fondant ya impresas a los proveedores de decoración de pasteles.

Resulta fácil incorporar un mensaje. Puedes escribir cada letra del mensaje en un banderín de la guirnalda, o usar el método de estampación descrito en la sección Trampas (pág. 206).

He aquí el truco para pintar elementos muy pequeños: ¡sencillez! No intentes añadir muchos detalles ni demasiadas capas de sombreado, o se verá recargado y perderás definición.

He incluido el método para hacer adornos de números, perfecto para cumpleaños o aniversarios. Puedes usar las plantillas o hacer los tuyos. Te aconsejo que uses una fuente gruesa, o los números se romperán con facilidad. Si deseas una fuente tipográfica más delicada, añade más espacio alrededor, o pinta el espacio vacío que rodea la letra. Por supuesto, este diseño se puede cambiar muy fácilmente para diferentes destinatarios variando colores y estampados.

EQUIPO

- Pinceles del 4 y del 0, y otro para pegar
- 180 g/6½” de pasta de modelar
- Pegamento comestible
- Papel de calco
- Lápiz no tóxico
- Cúter
- Esterilla de espuma
- Pistola de modelar
- Palitos de piruleta
- Palillo
- Cinta métrica

Colores

- Amarillo, naranja, rosa, rosa oscuro, azul, blanco, verde claro, verde oscuro, marrón
- 1 pastel de 180 mm/7” con fondant blanco

Método para hacer la guirnalda de banderas

Hay cinco guirnaldas de banderitas triangulares alrededor del pastel, y cada una debería ser lo bastante grande como para acoger cinco banderitas. Como la circunferencia de un pastel puede variar según el grosor del sellado de migas (la capa de crema de mantequilla bajo el fondant) o del fondant, puede que tengas que aumentar o reducir el espacio entre cada bandera.

1. Toma cuatro bolas de 10 g/¼ oz de pasta de modelar y tiñe una de rosa claro, la segunda de azul brillante y la tercera de naranja brillante. Deja la última blanca.

2. Extiende cada color, de uno en uno, a un grosor de 1 mm/1/32”. Corta siete banderas de cada color con la plantilla *(plantilla 13, pág. 228)*. Necesitarás un poco de pasta extra de los cuatro colores por si hay roturas.

3. Pinta la guirnalda de banderas rosa del siguiente modo:
   - a Elige siete banderas de diferentes colores. Pinta pequeños círculos en grupos de tres en las banderas, usa un tono medio de rosa con el pincel del 4.
   - b Añade pequeñas pinceladas de blanco en los círculos.
   - c Usa rosa puro para dar profundidad al centro de cada círculo. Puedes

añadir un poco sobre los bordes de los círculos (pero no en todos).

d Añade algunas hojas de verde claro.

4 Pinta la guirnalda a cuadros del siguiente modo:

a Elije seis banderas de diferentes colores. Usa un tono claro del mismo color que la bandera para la primera capa: si la bandera es rosa, usa rosa claro; azul claro para la bandera azul, etc. Para las banderas blancas, usa el color que quieras.

b Pinta líneas verticales en las banderas con el color elegido y el pincel del 4. Haz las líneas de la misma anchura que los huecos entre ellas.

c Pinta líneas horizontales con el mismo método.

d Pinta cuadrados donde las dos líneas sólidas se cruzan con el tono puro del color elegido.

5 Pinta la guirnalda de lunares del siguiente modo:

a Elige seis banderas de diferentes colores. Pinta margaritas con lunares sobre cada bandera con un pincel del 4 y pintura blanca. Para las banderas blancas, usa el color que quieras.

b Añade un punto naranja en el centro de cada margarita en las banderas de color (y de otro color si has usado naranja para los pétalos en la bandera blanca).

6 Pinta la guirnalda de flores azules del siguiente modo:

a Elige seis banderas de diferentes colores. Pinta los cinco pétalos de la flor con un tono medio de azul. Procura centrar la flor en la bandera y dejar el centro sin pintar.

b Pinta las hojas que rodean la flor con un tono verde claro.

c Sombrea un poco los pétalos con azul puro.

d Sombrea un poco las hojas con verde puro.

e Pinta un punto blanco en el centro de la flor y añade algunos puntitos por la bandera. Si es blanca, usa otro color para los centros.

7 Mide la circunferencia del pastel y divídela por cinco. Luego marca cada quinta parte en la superficie con el palillo. Así tendrás la medida para cada guirnalda de banderas.

8 Extrude una cuerda fina de fondant con la pistola y pégala alrededor del pastel en forma de guirnalda, acabando cada guirnalda en la marca que has hecho, para que sean de la misma longitud. (Si tienes nivel ninja con la manga pastelera, simplemente haz la cuerda con ella).

9 Pega las banderas al pastel, colocando la parte superior de cada bandera bajo la línea. Debería haber cinco banderas por guirnalda. Procura no crear un patrón repetitivo: coloca deliberadamente dos banderas del mismo color juntas en diversos puntos, o dos con el mismo estampado.

Método para hacer adornos de números

Al pintar una figura como un número o letra que debe decorarse con un estampado divertido, imagina que la figura es un retal de tela, y el borde de la figura tiene pequeños detalles de flores y hojas recortados del resto del cuerpo. Procura no acabar con un espacio sin pintar alrededor del borde de la figura (aunque necesitas un borde vacío en el límite exterior para definir la forma). Si decides pintar el espacio negativo que rodea el número, es todo lo contrario: el estampado debe parecer que va más allá del borde del fondant.

1 Extiende la pasta de modelar blanca restante a un grosor de 5 mm/¼". Recorta las figuras necesarias con las plantillas y añade un borde de 5 mm/¼" alrededor de cada número (agranda las *plantillas 14 y 15 de la pág. 228*, al 165% y las *plantillas 16-23 de la pág. 230*, al 133%).

2 Con un lápiz no tóxico, dibuja el número en el adorno de fondant.

3a
3b
3c, d
3a
3b
3c, d
4b
4c
4d
4b
4c
4d
5a
5b
5a
5b
6a, b
6c, d
6e
6a, b
6c, d
6e

3a
3b, c
3d
4a
4b
4c

3 Para el primer número

a Usa un tono claro de rosa y el pincel del 4 para pintar las rosas, y luego cambia a un tono pálido de verde claro para pintar las hojas.

b Añade rosa puro para sombrear las rosas, y verde puro para sombrear las hojas.

c Mezcla algo de rosa y blanco para crear un rosa pastel pálido. Usa este color para pintar el fondo de la figura (dejando el borde blanco). Deja algunos pequeños círculos de blanco sin pintar en el fondo, pero no te preocupes si no los puedes ver demasiado bien y no destacan, porque los contornearás después.

d Cuando las capas anteriores estén bien secas, usa el pincel del 0 para pintar el contorno de las flores, las hojas y los círculos blancos con marrón puro. Usa el mismo color para el contorno del número.

e Deja secar el adorno sobre una base de espuma.

4 Para el segundo número *(si lo necesitas)*

a Pinta las rosas rosas con un tono claro y el pincel del 4. Usa un tono claro para las flores naranjas y un tono claro de verde para hojas y tallos (puede que necesites cambiar al pincel del 0 para que los tallos sean realmente finos).

b Pinta un tono rosa de medio a oscuro en el centro de las flores rosas, un tono naranja puro en el centro de las flores naranjas y sombrea con verde puro las hojas.

c Cuando las capas anteriores estén bien secas, haz el contorno de flores y hojas en azul puro con pincel del 0. Haz lo mismo para el contorno del número.

d Deja secar el adorno sobre una esterilla de espuma.

5 Cuando ambos adornos estén firmes, gíralos y coloca un palito de piruleta en el dorso de cada uno (no es necesario que sea en el centro, pero no debe verse de frente: en el número 4 estaría en el pie). Pega tres rectángulos de pasta de modelar (10 x 20 mm/ ½ x ¾") sobre cada palito para sujetarlo. Deja los adornos boca abajo hasta que el pegamento se haya secado por completo.

6 Coloca con cuidado los números encima del pastel. Puede que te resulte más fácil si haces primero un agujero con un palito de piruleta: así no presionarás demasiado los adornos y evitarás que se rompan.

ENREDADERA AZUL CON MARIPOSAS

Un pastel realmente hermoso y delicado, perfecto para un té por la tarde con las amigas, o para un aniversario especial. Si quieres crear un pastel de bodas increíble, solo tienes que usar la misma idea e incrementar el número de pisos para obtener un pastel más espectacular.

El piso inferior está pintado con un diseño de enredaderas con ramilletes de flores que brotan de un tallo principal que se enrosca alrededor del pastel. Sobre un pastel de 200 mm/8" podrás pintar cuatro ramas principales de enredadera. No todas deben crecer desde la base del pastel; algunas pueden brotar de la parte superior (en la unión con el siguiente piso) y crecer hacia abajo. Cada tallo debería curvarse y no ser demasiado recto (eso daría a tu diseño un aspecto forzado y tosco). Si han quedado huecos en este piso una vez pintada la enredadera, añade una flor suelta, o un ramito de hojas.

Este proyecto también te enseña cómo pintar mariposas en 3D, que puedes añadir a cualquiera de los proyectos de este libro si quieres, o incluso puedes crear un pastel centrado únicamente en un grupo de mariposas. No te preocupes si tus cortadores de mariposa tienen otra forma que los que he usado: puede que debas cambiar un poco el dibujo, pero quedarán igual de estupendas.

EQUIPO

- Pinceles del 4, 0 y otro para pegar
- 30 g/1 oz de pasta de modelar
- Pegamento comestible
- Cortadores de galleta de mariposa, uno con anchura de ala de unos 60 mm/2½" y otro de unos 40 mm/1½"
- Base de cartón

Colores

- Rosa, amarillo, blanco, verde claro, verde oscuro, azul, morado, naranja, marrón
- 1 pastel de 2 pisos (de 200 mm/8" y de 150 mm/6") con fondant blanco

1 Método para crear las mariposas *(ilustrado en pág. 134)*

a Extiende la pasta de modelar a un grosor máximo de 1 mm/1⁄32".

b Corta tres mariposas grandes y una pequeña (siempre hago algunas más por si se rompen, pues son muy delicadas).

c Dobla una tira de cartón por la mitad. Dobla suavemente las mariposas grandes y colócalas sobre el pliegue del cartón (añade una de más por si se rompe alguna). Se secarán en forma de una mariposa posada.

d Coloca las mariposas restantes en un cuadrado de papel de hornear. Empuja suavemente el borde de las alas entre sí de modo que el centro de las alas esté ligeramente elevado, y luego deja que se endurezcan toda la noche en esta posición.

2 Método para pintar la primera mariposa *(ilustrado en pág. 135)*

a Mezcla un tono de azul claro y pinta el detalle azul de las alas con el pincel del 4. Deja secar bien cada capa de color antes de añadir el siguiente (hazlo en cada paso).

b Mezcla un tono medio de marrón y pinta el cuerpo de la mariposa y los detalles decorativos.

c Usa marrón puro para sombrear el cuerpo y acabar los detalles de las alas.

Mariposas sobre cartón doblado

Dejar secar

Dar forma empujando suavemente

3 Método para pintar la segunda mariposa *(ilustrado en la pág. 135)*

a Pinta la mitad central de las alas con amarillo, luego usa un tono medio de azul para colorear el resto de las alas.

b Pinta el cuerpo de la mariposa con naranja y añade detalles en naranja a las alas.

c Usa marrón puro para sombrear y detallar el cuerpo y las alas.

4 Método para pintar la tercera mariposa

a Pinta de amarillo la mitad superior de las alas superiores y las puntas de las alas inferiores. Pinta el resto de las alas con naranja.

b Pinta el cuerpo de la mariposa con un tono claro de marrón y añade sombras y detalles en las alas.

c Usa marrón puro para sombrear y detallar las alas y el cuerpo.

5 Método para pintar la cuarta mariposa *(la más pequeña)*

a Usa un tono claro de azul para pintar un círculo en las alas superiores. Pinta una herradura en las alas inferiores. Pinta el resto de las alas con un tono claro de morado.

b Pinta el cuerpo de la mariposa con un tono claro de marrón.

c Añade sombras y detalles a las alas y el cuerpo de la mariposa con morado puro.

6 Deja secar todas las mariposas mientras pintas el pastel.

7 Pinta la enredadera rodeando el piso inferior del pastel con un tono medio de verde claro. Puede que te sea más fácil usar el pincel del 0, pues mantendrá el tallo fino y elegante. No pintes hojas en esta fase, las añadirás tras pintar las flores.

8 Método para pintar las margaritas *(ilustrado en pág. 136)*

a Pinta los pétalos de las margaritas en blanco y con pincel del 4. En algunas puedes pintar todos los pétalos (para que parezca que las miras desde arriba), pero otras deberías pintarlas que parezcan vistas de lado, pintando un semicírculo de pétalos (dejando espacio para el centro).

b Usa un tono medio de amarillo para añadir el centro.

c Cuando los pétalos estén bien secos, puedes añadir algunos detalles. Crea efectos de sombra en el borde inferior de los pétalos (más cerca del centro) con un tono claro de azul: solo tienes que sombrear un lado de la flor; procura no hacer pinceladas muy largas. Pinta las puntas de los pétalos con un tono medio de rosa, también con pinceladas muy cortas (o la margarita parecerá rosa en lugar de blanca).

2a
2b
2c
3a
3b
3c
4a
4b
4c
5a
5b
5c

9a
8a
9a
10a
11
13
9b
9b
10b
8b
12
9c
9c
10c
8c, d
14d
14b
14a
14c

d Sombrea el centro de las flores con un tono medio de naranja. Sombrea solo una zona del centro, no toda la circunferencia.

9 Método para pintar las campanillas

a Pinta con un tono claro de morado la primera capa con el pincel del 4. Algunas flores tendrán cinco pétalos, como vistas desde arriba, pero otras tendrán tres, como vistas de lado.

b Añade morado puro para indicar sombra en el lado de la flor de tres pétalos y en el centro de la flor de cinco pétalos.

c Mezcla un poco de azul con un poco de blanco para crear un azul pastel y pinta con él las campanillas para iluminarlas.

10 Método para pintar los nomeolvides

a Pinta los pétalos de las flores con un tono pálido de azul. Cada flor tiene cinco pétalos, pero procura dejar un espacio vacío para el centro amarillo: si no lo haces, los colores se mezclarán y se emborronará todo.

b Pinta sobre algunos de los pétalos azul pálido con azul puro para sombrear. Deja secar las flores y luego añade el centro amarillo.

c Añade puntitos de marrón oscuro en el extremo más cercano al centro de cada pétalo.

11 Usa un tono claro de verde claro para pintar las hojas de los nomeolvides y las margaritas. Las hojas de nomeolvides tienen forma de almendra y se pintan en ramitos de tres. Las hojas de las margaritas son más largas y finas, y crecen directamente del tallo.

12 Sombrea estas hojas con verde claro puro.

13 Pinta las hojas de las campanillas con un tono medio de verde oscuro. Estas hojas van en ramitos de cuatro o cinco y son mucho más finas que las de los nomeolvides.

14 Método para pintar el piso superior

a Pinta los tallos de los ramitos primero con un tono medio de verde claro. Si usas el pincel del 4 y tus tallos te parecen demasiado gruesos, cambia al pincel del 0.

b Pinta las flores con el método descrito en el paso 10 para los nomeolvides, pero pintando la mitad de las flores con tonos de morado con centros azules, y la otra mitad con tonos azules y centros amarillos. Añade puntos marrón oscuro a las puntas interiores de los pétalos de todas las flores.

c Pinta las hojas en ramitos de dos o tres con tonos de claro a medio de verde claro.

d Sombrea las hojas con verde oscuro puro.

15 Método para acabar el pastel

a Pega las mariposas sobre el pastel con pegamento comestible (puedes usar glasa real si lo prefieres). Sujeta cada mariposa en su sitio con los dedos unos segundos hasta que se haya adherido.

b Para pegar la mariposa más pequeña en la parte superior del pastel, forma una bola con un trocito de fondant blanco y pégala sobre el pastel, donde quieras poner la mariposa. Luego pega la mariposa sobre la bola de fondant.

VOLANTES Y RECORTABLES

Si te pueden los nervios al intentar pintar un pastel, crear placas recortables es un modo fácil de ayudarte a superar el miedo. Con este método, pintas sobre una lámina de fondant, recortas tu diseño y luego lo pegas en el pastel una vez seco. Si no te satisface tu recortable pintado, resulta menos duro tirarlo y hacer otro que pintar un pastel entero.

El siguiente pastel usa placas recortables, y es uno de mis diseños más populares. ¿Quién puede resistirse a un pastel cubierto de románticos volantes? En realidad (y te estoy haciendo partícipe de un secreto muy bien guardado) los volantes son extraordinariamente fáciles de dominar, y las imperfecciones confieren a los volantes más carácter que los impecables. Además, la capa de fondant bajo los volantes queda totalmente oculta, así que un pastel mal recubierto puede transformarse en un diseño hermoso y elegante.

Si vas a empaquetar este pastel, colócalo en una base de 280 mm/11" si no quieres que los volantes se rompan, ya que sobresalen bastante de los laterales del pastel.

EQUIPO

- Pinceles del 8, 4, 0, y otro para pegar
- 700 g/1 lb 9oz de pasta de modelar
- Pegamento comestible
- Papel de calco
- Lápiz no tóxico
- Cúter
- Base de espuma
- Regla
- Palillos
- Rodillo mini
- Esteca de bola

Colores

Rosa, amarillo, rosa oscuro, naranja, verde claro, verde brillante, verde oscuro, azul

1 pastel de 3 pisos (pasteles cuadrados de 200 mm/8", 150 mm/6" y 100 mm/4") con fondant blanco

1 Método para pintar la placa grande *(ilustrado en la pág. 141)*

a Extiende 100 g/3½ oz de pasta de modelar a un grosor de 2-3 mm/1/16-1/8".

b Agranda la plantilla *(plantilla 24, pág. 226)* al 140%. Calca el diseño sobre el fondant con la plantilla.

c Mezcla un tono medio de rosa y pinta la rosa con pincel del 8. Deja sin pintar las zonas donde los pétalos se doblan sobre sí mismos, para indicar la luz incidiendo sobre la rosa.

d Pinta la mayor de las flores de cinco pétalos con un tono claro de azul.

e Pinta varias de las otras flores pequeñas con amarillo. La flor contigua a la azul debería dejarse blanca en su mayor parte, pero con unas cuantas pinceladas de amarillo y azul en los pétalos indicando sombra.

f Pinta los centros de las flores blancas y azules con amarillo, pero deja un círculo sin pintar en pleno centro (ayudará a dar más profundidad e interés a las flores).

g Pinta las dos flores que se ven de lado con un tono claro de rosa oscuro.

h Usa tonos suaves tanto de verde claro como de verde brillante para pintar la primera capa de hojas.

i Sombrea la rosa con un tono de rosa más oscuro. Como es más bien un diseño de rosa formal (en vez de las rosas más impresionistas que hemos pintado en proyectos anteriores), cada pétalo individual requerirá detalles de sombra, pero procura pintar la mayor parte de sombras más oscuras en el centro de la rosa.

j Usa un tono medio de azul para añadir detalles a los pétalos de la flor azul. Pinta esas marcas de modo que se muevan del borde de los pétalos hacia el centro.

k Añade detalles a las flores amarillas con pintura naranja: el sombreado sale del centro de las flores y se mueve hacia el borde de los pétalos.
l Sombrea un poco la flor lateral con un tono medio de rosa oscuro.
m Pinta detalles en las hojas usando tonos medios de verde claro y verde oscuro. Añade centros verdes a las flores amarillas pequeñas, un puntito de verde al centro de la flor blanca y un círculo de rosa en el centro de la flor azul.
n Añade el tono más oscuro a la rosa con rosa oscuro puro. Usa este mismo color para añadir otra capa de sombra en la flor vista de lado.
o Añade una capa final de sombra a la flor azul con azul puro.
p Pinta otra capa de detalles sobre las hojas con verde oscuro puro.
q Cambia al pincel del 0 y usa rosa puro para pintar el contorno de flores y hojas. Hazlo un poco suelto: no resigas todos los detalles, y rompe a veces la línea para añadir interés y más movimiento al diseño. Añade algunos puntitos del mismo color alrededor de los centros de las flores amarillas.
r Corta el borde de la pintura con un cúter para crear la placa y deja que se endurezca sobre una base de esponja. Normalmente un par de horas bastarán para que la placa se endurezca y sea lo bastante fuerte como para pegarla al pastel, pero es más seguro si puedes dejarla toda la noche. Amasa una bola con la pasta de modelar sobrante.

2 Método para pintar la placa pequeña

a Extiende 50 g/1¾" oz de pasta de modelar a un grosor de 2-3 mm/1⁄16-⅛".
b Agranda la plantilla *(plantilla 25, pág. 224)* al 145%. Calca el diseño sobre el fondant con la plantilla.
c Mezcla un tono claro de rosa y úsalo para pintar la flor grande con el pincel del 8. Pinta el centro de la flor de amarillo y usa este color para la flor pequeña.
d Pinta algunas hojas con tonos suaves de verde claro y otras con verde brillante. Pinta el centro de ambas flores con el tono verde claro.
e Trabajando del borde de los pétalos hacia el centro de la flor, añade detalles con un tono medio de rosa. Añade sombras a la flor amarilla con pintura naranja: también puedes usar este color para sombrear el centro amarillo de la flor rosa.

1g
1e
1c
1d
1f
1h
1n
1o
1q
1p
1n
1r
1l
1m
1j
1i
1k
2c, d
2e, f
2g–i

CREAR UN VOLANTE

Pasa la esteca de bola por el fondant

Pinta el borde superior con pegamento

f Sombrea las hojas y los centros de las flores con verde claro puro. Cuando se seque, añade unos toques algo más oscuros con verde oscuro puro.

g Usa rosa puro para pintar unos detalles finales en las puntas de los pétalos rosas y el centro de la flor amarilla.

h Cambia al pincel del 0 y añade un contorno en rosa oscuro puro alrededor de todo el diseño con el mismo método descrito en el paso 1q para la placa grande.

i Corta la placa con el cúter y déjala secar sobre una base de espuma.

3 Método para crear los volantes

a Extiende una bola de 50 g/1¾ oz de pasta de modelar a un grosor de 1 mm/1⁄32".

b Corta una tira de 20 x 250 mm/¾ x 10". No caigas en la tentación de hacer tiras más largas, serían imposibles de trabajar. La tira no tiene que ser perfectamente recta: cualquier irregularidad se añadirá al efecto ondulado de los volantes. Forma una bola con el fondant sobrante y cúbrelo con film transparente para que no se seque mientras haces el volante.

c Coloca la tira sobre una esterilla de espuma. Empezando por un extremo, coloca la esteca de bola en la mitad inferior de la tira y presiona sobre el fondant. Al presionar, arrastra suavemente la esteca de bola sobre la superficie del fondant, así se afinará el borde de la tira, creando un hermoso movimiento ondulado. Sigue aplicando de este modo la esteca de bola a lo largo de toda la tira. Si ves que el borde de la tira se rompe, el fondant está demasiado seco. Amasa con un poco de agua hervida la pasta de modelar y vuelve a extender tu tira: los volantes serán mucho más delicados.

d Pinta una tira de pegamento alrededor del borde superior del pastel de base. Coloca la tira con volante sobre el pegamento, procurando pegar solo la parte inferior (sin ondular) de la tira. La parte restante de la tira debería quedar suelta. Vigila que la tira no caiga sobre sí misma, y guía con suavidad los volantes

Aplica la tira ondulada

Pega el último volante y gíralo

a la posición que quieras para conseguir un efecto ondulado: algunos volantes pueden inclinarse hacia afuera del pastel y otros hacia dentro.

e Sigue haciendo más tiras con pasta de modelar y pegándolas alrededor del pastel. Cuando hayas completado el primer volante, empieza el siguiente unos 10 mm/½" por debajo; la segunda capa de volantes debería cubrir el borde inferior del volante de encima. Sigue así, añadiendo más capas (normalmente siete capas de volantes cubren este pastel). Procura no alinear las uniones de los volantes unas encima de otras, y sigue creando ondas en los volantes.

f Cuando quede un espacio de 10 mm/½" en la base del pastel, haz la capa final de volantes. Empieza estas tiras del mismo modo que se ha descrito antes, pero una vez hayas hecho el volante en la tira, córtala longitudinalmente (usa una regla para eso), pues este es el borde que verás en el pastel. Pégalo justo en el borde de la base del pastel y luego gira el volante e intenta cubrir todo lo posible el borde de corte: si se dobla y toca la base del pastel en algunos puntos ya está bien, hará aún más efecto.

4 Pega la placa grande en el lado derecho del piso del medio. Puede que necesites aguantarla más o menos un minuto hasta que se pegue bien.

5 Pega la placa pequeña en el lado izquierdo del piso superior. Sujétala también hasta que sientas que está bien pegada al pastel.

ESCARAPELAS

¡Dale el primer premio a este pastel! De hecho, parece que le han dado bronce, plata y oro. ¡Para mí es como el ganador de un concurso de belleza! Te será fácil cambiar las flores de este diseño por rosas, hortensias o incluso campanillas.

EQUIPO

- Pinceles del 8, 4 y 0, y otro para pegar
- 200 g/7 oz de pasta de modelar
- Pegamento comestible
- Lápiz no tóxico
- Cúter
- Esterilla de espuma
- 3 cortadores circulares (65 mm/2½", 50 mm/2" y 45 mm/1¾")
- Esteca de bola
- Cinta adhesiva de doble cara
- Colores
- Rosa, amarillo, morado, azul, verde claro, verde oscuro
- 1 pastel de 3 pisos (de 250 mm/10", 200 mm/8" y 150 mm/6") con fondant blanco
- 3 cintas de 540 mm/21½", 700 mm/27½" y 850 mm/33½"

1 Método para crear las escarapelas *(ilustrado en págs. 146-7)*

a Extiende 50 g/1¾ oz de pasta de modelar a un grosor de 3-4 mm/⅛-3/16". Corta tres discos de fondant con cada uno de los cortadores y deja que se endurezcan sobre una base de espuma.

b Tiñe 50 g/1¾ oz de pasta de modelar rosa oscuro y extiéndela a un máximo de 1 mm/1/32" de grosor. No es necesario que sea una tira totalmente recta, los bordes desiguales se sumarán al acabado ondulado.

c Coloca la tira sobre una base de espuma. Desde un extremo, coloca la esteca de bola en medio de la tira (a lo ancho) y presiónala sobre el fondant. Al presionar, mueve la esteca de bola por el borde de la tira, afinando el borde y creando un movimiento ondulado. Sigue moviendo así la esteca de bola por toda la tira. Si ves que el borde de la tira se rompe, el fondant está demasiado seco. Amasa con un poco de agua hervida la pasta de modelar y vuelve a extender tu tira: los volantes serán mucho más delicados.

d Pinta una tira de 5 mm/¼" con pegamento comestible en el borde del círculo más grande.

e Pega el borde no ondulado de la tira con el pegamento del círculo de fondant, haciendo pliegues en la tira cada 10-20 mm/½-¾". Al pegar la última parte de la tira, dobla el borde para que quede limpio. Repite el mismo proceso que antes para las otras escarapelas rosa oscuro. Como las escarapelas decrecen en tamaño, deberás cortar tiras más pequeñas: usa una tira de 25 x 300 mm/1 x 12" para el círculo de 50 mm/2", y una de 15 x 200 mm/⅝ x 8" para el círculo de 45 mm/1¾". Prepara las tiras de una en una, pues si extiendes el fondant y dejas pasar demasiado tiempo antes de usar la esteca de bola, el borde de la tira se romperá.

f Corta film transparente de 100 mm/4" de ancho, aplástalo en forma de salchicha y luego forma un círculo. Colócalo bajo los bordes de los volantes mientras se endurecen, para evitar que cuelguen (¡nadie quiere un volante mustio!).

g Tiñe 35 g/1¼" de pasta de modelar rosa claro.

h Extiende el fondant rosa claro a un grosor máximo de 1 mm/1/32".

i Corta una tira de 35 x 250 mm/1¼ x 10".

CREA ESCARAPELAS, *ver págs. 145-48*

Corta discos, *paso 1a*

Mueve la esteca de bola sobre el fondant, *paso 1c*

Pinta con pegamento el disco más grande, *paso 1d*

Pon la escarapela sobre film transparente, *paso 1f*

Déjala endurecer, *paso 1f*

Pasa la esteca de bola por el fondant, *paso 1j*

Haz pliegues, *paso 1k*

Pon el disco pintado en el centro, *paso 1o*

Presiona suavemente, *paso 1o*

Coloca la tira sobre el disco, *paso 1e*

Haz pliegues, *paso 1e*

Dobla el borde debajo, *paso 1e*

Ondula toda la tira, *paso 1j*

Pega el borde interior del primer volante, *paso 1k*

Pon la tira rosa claro sobre el disco, *paso 1k*

Déjala endurecer, *paso 1o*

j Haz volantes con la esteca de bola con el método anterior.

k Pega el borde interior del volante rosa oscuro sobre el círculo más grande. Coloca la tira rosa claro sobre el pegamento con el método descrito anteriormente. Deja endurecer el círculo con volante usando la salchicha de film transparente como apoyo. Para crear los volantes rosa claro para las otras dos escarapelas, necesitas una tira de 20 x 250 mm/ ¾ x 10" para la segunda escarapela, y una tira de 10 x 150 mm/½ x 6" para la escarapela pequeña. Sigue los pasos anteriores (h-k).

2 Coloca las cintas alrededor de la base de cada piso y fija los extremos con cinta adhesiva de doble cara.

3 Extiende la pasta de modelar restante a un grosor de 1 mm/1⁄32" o menos, y recorta círculos de 50 mm/2", 45 mm/1¾" y 30 mm/1¼". Deja secar un poco los discos.

4 Dibuja el contorno de un pensamiento en el disco más grande con un lápiz o un pincel del 0 en un tono muy claro de marrón.

5 Mezcla un tono claro de morado y usa el pincel del 4 para pintar los dos pétalos superiores del pensamiento. Inicia las pinceladas en el borde exterior del pétalo y en dirección al centro de la flor. Al final de la pincelada, reduce la presión en el pincel y levanta las cerdas del fondant: crearás una marca suave que recrea las marcas de las flores. Pinta los tres pétalos restantes del mismo modo, pero haz marcas más cortas, pintando solo un tercio del pétalo.

6 Con el pincel del 4, pinta el centro amarillo de la flor (deja un círculo de fondant blanco sin pintar justo en el centro) y levanta el pincel del fondant después de pintar aproximadamente un tercio del pétalo con el color.

7 Usa un tono medio de morado y añade algún detalle en los bordes exteriores de los pétalos, pintando también desde el borde del pétalo hacia el centro.

8 Cuando el color amarillo esté bien seco (si no, el pensamiento quedaría de un marrón repugnante), pinta de morado puro el centro de la flor, pintando desde el centro hacia el borde exterior de los pétalos. Haz las pinceladas un poco más largas en el centro del pétalo inferior.

9 Pinta un centro verde justo en medio de la flor.

10 Pega una bolita de fondant en el centro de la escarapela más grande con pegamento comestible. Procurando no manchar la pintura, encola el dorso del disco y pégalo a la bola de fondant. Te será más fácil si el disco aún es flexible, pues se curvará un poco y se pegará más fuerte a la escarapela.

11 Pinta pensamientos en los otros dos discos con el método anterior. Puedes cambiar los colores principales si quieres, pero usa siempre morado puro para los detalles del centro.

12 Pega las escarapelas al pastel. Puedes colocarlas en una línea vertical en el centro de los pisos, pero yo prefiero la línea diagonal.

13 **Método para pintar el pastel**

a Las flores se pintan justo en los lados de cada pastel. Están bastante separadas y no interactúan entre ellas. Procura no crear un patrón repetitivo de flores o colores en los laterales de los pasteles. Como estas flores son muy pequeñas y tiene formas bastante básicas, te recomiendo que las pintes a mano alzada: si usas un esbozo, serán más rígidas y posiblemente los colores parecerán emborronados.

b Pinta las cabezas de los pensamientos con el método descrito arriba para los pensamientos de las escarapelas.

c Con un tono claro de azul, pinta la primera capa del

5, 6
7
8, 9
11
11
13c
13d
13e
13f
13g
13h

ramo de flores azules. Cada flor se compone de cinco pequeños pétalos. Las flores deberían estar muy juntas, de modo que no quede mucho espacio en blanco entre ellas.

d Pinta sobre algunos de los pétalos con un tono medio de azul.

e Añade un punto de azul puro en el centro de cada flor individual.

f Puedes usar el pincel del 4 para pintar los tallos, pero si se ven demasiado gruesos, cambia al pincel del 0. El tallo del pensamiento crece del lateral de la flor y no directamente de debajo del pétalo inferior. Dobla ligeramente cada tallo.

g Pinta las hojas con un tono medio de pintura negra, las hojas de los pensamientos deberían ser un poco gorditas; añade solo dos o tres por tallo. Las hojas de las flores azules son más pequeñas y delgadas, puedes añadir más por tallo, de cinco a siete.

h Añade detalles a las hojas con verde oscuro puro.

ORO

A menudo en mi etapa laboral como diseñadora y artista he recurrido a la pintura dorada para darle vida a un diseño; incluso en mi adolescencia siempre tenía un bote de tinta dorada para echar encima de todas y cada una de las obras de arte que hacía. ¡Imaginaos mi alegría cuando descubrí la pintura dorada en espray! Esto sucedió felizmente justo antes del cumpleaños de una buena amiga. Así que aquel año apagó sus velas en un pastel dorado.

Cuando usas espray dorado, necesitas crear una cabina de pulverización para evitar que tu casa se vuelva toda dorada. Puede ser una caja de cartón donde el pastel quepa holgadamente. Corta las solapas superiores de la caja y colócala de lado (de forma que la parte superior de la caja sea ahora el lateral frente a ti), y ya tienes una cabina de pulverización. Si el tiempo lo permite, te aconsejo que pulverices en el exterior. Al pulverizar, ponte una máscara para proteger los pulmones.

He clasificado este proyecto como avanzado por un par de razones. La primera es que tiene tres capas de pintura. La capa inicial sirve de orientación para el diseño, la segunda capa es la pintura dorada. Antes de pintar la capa final, deberás limpiar toda la pintura dorada sobre las flores y las hojas. La segunda razón es que tendrás que confiar en tus habilidades pictóricas para lidiar con estas tres capas. Tendrás que pintar el diseño a mano alzada. Si calcas el diseño, pronto perderás las guías bajo todas esas capas.

Te recomiendo que si no tienes experiencia previa en pintura, pruebes primero algunos de los proyectos menos difíciles. Pero si tienes decidido «ir a por el oro», intenta primero una versión sobre galletas o cupcakes.

EQUIPO

Pinceles del 8, 4 y 0

2 botes de 100 ml/3½ fl oz de espray dorado comestible

Colores

Rosa, amarillo, rosa oscuro, naranja, morado, verde claro, verde brillante, verde oscuro, azul, blanco, marrón

1 pastel de 3 pisos (250 mm/10", 200 mm/8" y 150 mm/6") con fondant ocre (haz el ocre amasando con el fondant colorante comestible amarillo y marrón)

Rosas cortadas para decorar (opcional)

1 Método para la primera capa

a Esta capa se crea pintando las formas esquemáticas de los elementos sobre el pastel. No dediques mucho tiempo a esto porque solo es una indicación de dónde colocarás las flores una vez pulverizado el pastel en dorado. Si quieres puedes esbozar el contorno de las flores para saber que estarán bien distribuidas por el pastel.

b Deberían caber tres ramos (no uso este término en sentido estricto, pues son tres ramos de forma bastante libre) alrededor del pastel. Te doy instrucciones detalladas para dos manojos. El tercero puedes crearlo mezclando elementos de los otros dos grupos para llenar el espacio.

c Mezcla un tono de medio a oscuro de rosa oscuro y pinta con el pincel del 8 las dos flores grandes del primer ramo. Usa el mismo color para pintar algunos capullos en grupos de tres o cinco.

d Usa un tono medio de verde claro para pintar las hojas grandes alrededor de las dos flores que has pintado y los tallos de los capullos.

e Mezcla un tono medio morado y pinta las flores de cinco pétalos y los capullos que se separan del ramo. Luego usa un tono medio de verde claro para pintar algunas hojas junto a estas flores moradas.

f Pinta el segundo ramo de flores de un modo similar, pero usa rosa para una de las flores de cinco pétalos y para todos los capullos.

g El tercer ramo tiene que ser lo suficientemente grande como para llenar el espacio restante del pastel. Crea tu propio grupo de flores mezclando los diferentes elementos de los dos primeros ramos. Ten en cuenta los colores de las flores en relación con las flores que las rodean. Puedes añadir interés pintando dos flores del mismo color una junto a otra, pero tres del mismo color juntas crearían una fuerte línea de color que pesarían sobre el resto del diseño.

h También deberás añadir unos cuantos elementos en la base del piso inferior para llenar espacios. Si hay espacios más arriba del pastel, pinta una flor de cinco pétalos suelta, o un grupo de capullos.

2 Pasados 15 minutos, la primera capa de pintura debería estar lo bastante seca como para añadir el dorado. Coloca tu pastel en la cabina de pulverización y pulveriza la primera capa de dorado sobre el pastel siguiendo las instrucciones del bote de pintura. Déjala secar.

3 Pulveriza una segunda capa de dorado sobre el pastel y déjalo secar. Si crees que la capa de dorado se ve un poco fina y no es bastante brillante, puedes rociar una tercera capa sobre el pastel. Deberías poder ver aún una impresión de las flores y hojas bajo la capa dorada, pero no te preocupes si algunos de los elementos más pequeños han desaparecido.

4 Usa un pincel del 8 lleno de agua limpia para retirar el dorado de encima de las flores y hojas pintadas (si pintas directamente sobre el dorado, el color se ensuciará mucho). Humedece el área y luego retira el agua con el pincel y una hoja de papel de cocina. Probablemente debas repetir este proceso dos o tres veces para retirar todo el dorado. La mayor parte de la primera capa de pintura también saltará entonces. Procura que no caigan hilos de agua por el lateral del pastel, ni tampoco gotas en la superficie, pues será difícil corregir errores. Tendrás que cambiar el agua dos o tres veces durante el proceso, pues se satura pronto de partículas doradas. No te preocupes si el agua se infiltra un poco en la pintura dorada que rodea las flores y las hojas: eso contribuye a la textura del diseño.

5 Deja secar el fondant.

6 **Método para pintar el primer grupo de flores**

a Mezcla un tono claro de rosa y úsalo para pintar el centro de la rosa, y añade algunas marcas de este color en el cuerpo de la flor.

b Usa un tono medio de rosa oscuro para pintar los pétalos externos del crisantemo. Empieza la pincelada en el borde exterior del pétalo y ve hacia el centro, disminuyendo la presión en el pincel al hacerlo.

c Mezcla un tono claro de morado y pinta las flores de cinco pétalos y los capullos que las rodean.

d Usa un tono medio de rosa oscuro para pintar los capullos restantes del grupo.

e Mezcla un tono medio de verde claro y pinta las hojas: procura pintar en la dirección de las venas y dejar algunas zonas sin pintar. Pinta con el mismo tono los tallos de los capullos, cambiando al pincel del 4 para conseguir hermosas líneas finas.

f Mezcla un poco de pintura blanca y úsala para pintar los pétalos interiores del crisantemo. Deberás intentar sacar algo del color rosa de debajo de esta capa e incorporarlo al blanco, pero ten mucho cuidado de no crear pétalos planos y sin matices. Puedes usar dos colores a la vez en el pincel para evitar este problema: un lado del pincel con blanco y el otro lado con rosa oscuro. Al pintar los pétalos, los colores se mezclarán, creando un trazo interesante. Deja el centro de la flor sin pintar.

g Añade pintura blanca a los capullos rosa oscuro. Añade a algunos más blanco para que el diseño resulte más atractivo.

h Mediante la técnica de los dos colores en un pincel, pinta las flores y los capullos con una mezcla de blanco y morado. Deja los centros de estas flores sin pintar.

i Añade más pinceladas blancas a la rosa, pintando en la dirección de los pétalos.

1c–e
1f
2, 3

4
6a–e
7a–e

j Pinta reflejos blancos en las hojas. Trabaja algunas de estas marcas para darle a la pintura blanca un ligero tinte verde.

k Mezcla un tono medio de rosa y úsalo para pintar los pétalos centrales de la rosa.

l Añade algo de morado puro en el punto central de los pétalos de las flores y los capullos morados. Pinta de rosa oscuro puro un lado del centro de estas flores.

m Marca con rosa oscuro puro el centro del crisantemo. Luego añade rosa puro al centro de la rosa, reproduciendo los pétalos que ya has pintado.

n Sombrea las hojas con verde claro, y una vez seco, añade algunos trazos de verde oscuro.

o Añade un poco de rosa oscuro puro justo en el centro de la rosa.

7 Método para pintar el segundo grupo de flores

a Pinta la primera rosa con un tono medio de rosa. Deja sin pintar una zona bajo el centro de la rosa, eso indicará la zona más iluminada de la rosa. Haz las marcas del pincel sueltas y fluidas. Pinta los capullos de rosa con este color, y también la flor de cinco pétalos más pequeña.

b Mezcla un tono medio de rosa oscuro y pinta la segunda rosa, dejando también zonas sin pintar.

c Pinta la flor grande de cinco pétalos con un tono medio de morado. Empieza la marca del pincel en el borde exterior del pétalo y ve hacia el centro de la flor, disminuyendo la presión del pincel a medida que lo mueves.

d Mezcla un tono oscuro de rosa y pinta el centro de la primera rosa, luego añade este color al lateral de la rosa, dejando algo de la primera capa sin pintar. Repite el proceso usando el color rosa oscuro para la segunda rosa.

e Pinta las hojas de un tono verde oscuro, procurando que las marcas del pincel imiten la dirección de las venas.

f Pinta reflejos blancos en todos los elementos del grupo con la misma técnica empleada en el primer grupo. Verás que el centro de las rosas deberá redefinirse después de usar la pintura blanca.

g Pinta con verde claro puro las hojas y unos puntos en un borde de la parte central de la flor morada.

h Pinta de rosa puro el centro de la primera rosa y añade unas cuantas marcas de este color al lateral de la flor. Repite este proceso con rosa oscuro puro para la segunda flor.

i Usa morado puro para sombrear un poco los pétalos de la flor morada: pinta solo la punta interior de los pétalos. Repite este proceso con rosa puro en la flor rosa más pequeña.

j Añade algunos trazos de verde oscuro puro a las hojas y el centro de la flor morada. También puedes añadir algunos trazos finos de rosa puro en el borde de algunas hojas.

k Usa rosa oscuro puro para el sombreado final del centro de la rosa clara. Usa morado puro para hacer lo mismo con el centro de la rosa oscura.

8 Pinta las flores restantes con las técnicas descritas para los dos grupos anteriores.

9 Si han quedado marcas o imperfecciones sobre el fondant, rocía una pequeña cantidad de dorado en tu paleta y pinta cuidadosamente las marcas con un pincel del 8. Esta técnica solo funciona para zonas muy pequeñas. Si hay errores más grandes, pinta una hoja o una pequeña flor encima.

10 Si quieres, decora el pastel acabado con rosas cortadas, pero asegúrate de que estén completamente secas.

6f–j
7f
6k–o
7g–k

PROYECTOS DE CUPCAKES

Pese a las predicciones más pesimistas, la moda de los cupcakes no muestra ningún signo de desaceleración. Creo que eso se debe a que, aunque un buen pedazo de pastel siempre resulta delicioso, si sirves el mismo pastel como un cupcake, de inmediato se convierte en algo más delicado y exquisito. Estas preciosas porciones individuales hacen que quien las reciba se sienta mucho más especial. Como repostera, encuentro mucho más fácil (y muchísimo más rápido) preparar una remesa de cupcakes que no lidiar con un pastel grande, y es por eso que los cupcakes son mis dulces de referencia cuando me piden que prepare una remesa de algo delicioso para el puesto de venta de pasteles de la clase de mis hijas.

Aún hay muchas parejas que prefieren una torre de cupcakes en lugar de un pastel de boda, y ofrecer un cupcake envuelto en celofán en una fiesta es mucho más apetecible que un trozo de pastel correoso pegado a una servilleta.

He creado algunos proyectos de cupcakes con bellos dibujos perfectos para cualquier evento que puedas imaginar (¡excepto una apocalipsis zombi!), y lo que es mejor: son bastante fáciles de llevar a cabo con dignidad, incluso para un principiante.

MARIPOSAS

Me encanta sentarme fuera en verano con un vaso de algo frío y con burbujas, sentir el calor del sol del atardecer en mi cara y observar los insectos y las mariposas revoloteando. Por supuesto, como vivo en Reino Unido, esto sucede muy raras veces: nuestro clima veraniego habitual es lluvia, nubes y, de vez en cuando, para variar, fuertes vendavales. En esas ocasiones me gusta animarme con un delicioso cupcake veraniego, y las mariposas son un símbolo tan absoluto del verano, que parecen la opción más clara como cobertura.

Las mariposas de este proyecto están pintadas con el diseño más sencillo, y son el proyecto perfecto para principiantes, o incluso niños.

Las mariposas se pueden hacer con mucha antelación y guardarse en una caja de cartón para cuando se necesiten.

Si haces este proyecto para una torre de cupcakes, te aconsejo que coloques todos los cupcakes en la base de pastel primero y que añadas las mariposas en el último minuto. Así evitarás que las mariposas de fondant se marchiten. Puedes cambiar fácilmente los colores empleados para que hagan juego con una paleta de color específica. Si quieres mariposas más oscuras, usa pintura blanca para las flores, pero ten en cuenta que los colores extraños mezclados con el tono base pueden correrse con el blanco, así que haz pruebas con tus colores primero para evitar sustos.

EQUIPO

- Pincel del 4
- 100 g/3½ oz de pasta de modelar blanca
- Cortador de mariposa pequeño
- Tiras de cartulina dobladas longitudinalmente por el centro
- Purpurina comestible (opcional)

Colores

- Amarillo
- 12 cupcakes con remolinos de crema de mantequilla amarilla

1. Extiende la pasta de modelar hasta un grosor de 1-2 mm/1⁄32-1⁄16".

2. Recorta 14 mariposas (siempre hago más por si se rompen). Dobla muy suavemente las mariposas por la mitad y déjalas encima de la cartulina (ver pág. 134) hasta que estén secas (mínimo una noche).

3. Pinta con el pincel del 4 las flores sencillas encima de las mariposas y déjalas secar toda la noche.

4. Coloca con cuidado cada mariposa sobre un cupcake. Puedes añadir purpurina comestible si quieres.

ROSAS SENCILLAS

Estos cupcakes son dulces y hermosos. ¿Acaso puedes fallar con una rosa? He creado dos diseños: una sola rosa y una corona de capullos de rosa. Van a juego con el pastel Una rosa (pág. 106). Junto con el pastel, puedes crear una romántica combinación de torre de cupcakes y pastel de corte, perfecta para una boda o para un té muy especial.

EQUIPO

Pinceles del 4 y el 0

100 g/3½ oz de pasta de modelar

Cortador circular de unos 5,5 cm

Rodillo mini

Esterilla de espuma

Colores

Rosa, rosa oscuro, blanco, verde claro, verde oscuro, marrón

12 cupcakes con remolinos de crema de mantequilla rosa pálido

1. Tiñe la pasta de un tono claro de rosa oscuro. Extiéndela a un grosor de 2 mm/1⁄16" y corta 14 círculos (haz siempre de más por si se rompen). Deja secar los discos sobre la espuma hasta que estén firmes.

2. Reduce la plantilla para el pastel Una rosa *(plantilla 3, pág. 224)* al 50% y transfiere los diseños sobre los discos preparados con papel de calco (por supuesto, puedes pintarlos a mano alzada si quieres).

3. Mezcla un tono muy pálido de rosa y con el pincel del 4 crea los pétalos de la rosa, procurando pintarla justo en el centro del disco. Para el segundo diseño, pinta los capullos sobre un disco, dejando suficiente espacio para las hojas. Añade los tallos de la corona. Si te parece que no son lo bastante finos, cambia al pincel del 0. Pinta la primera capa de hojas con verde claro pálido.

4. Mezcla un tono de rosa un poco más oscuro y trabaja el centro de la rosa. Añade un poco de rosa más oscuro a un lado de la rosa para crear efecto de sombra. También puedes añadir un poco a los capullos.

5. Pinta de verde claro puro las hojas, procurando pintar en la dirección de las venas de las hojas.

6. Añade algunas pinceladas de blanco en el lado más claro de la rosa, pero procura no pasarte con este color, o amortiguarás la flor. También puedes pintar reflejos blancos en las hojas. Además de añadir un poco de blanco a las hojas de la corona, puedes poner un puntito de blanco encima de cada capullo.

7. Usa rosa oscuro puro para pintar el centro de la rosa y añade algunas pinceladas de este color a un lado de la flor. No mezcles estas marcas o cerrarás el centro de la flor. Pinta con un poquito de rosa oscuro los capullos para indicar sombra.

8. Usa verde oscuro puro para añadir reflejos oscuros a las hojas de la rosa sola.

3

4, 5

6–8

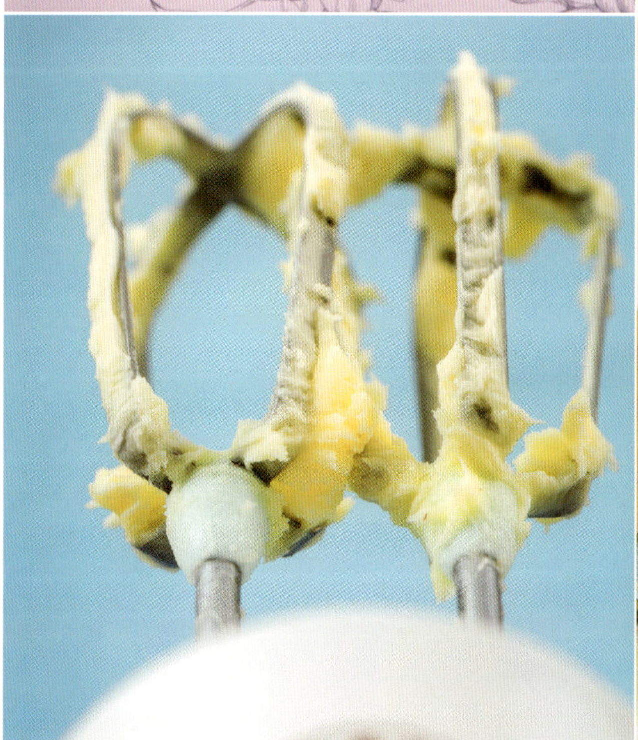

PATITOS DE PASCUA

Estos cupcakes son adorables, ideales como golosina de Pascua, y siempre puedes añadir trocitos de chocolate a la mezcla, lo cual los hará muy apropiados para la ocasión.

Si quieres puedes pintar nombres en los cupcakes para indicar los asientos en la mesa de Pascua (mira el proyecto de las galletas con nombre, detallado en la pág. 203). Los patitos están dibujados en marrón, pero no con una línea gruesa: usa una serie de rayitas para crear un encantador efecto de peluche. Esta técnica puede usarse para ositos de peluche, pelo suave, borlas o cualquier cosa que precise una apariencia suave o peluda.

EQUIPO

Pinceles del 4 y el 0

Papel de calco

Lápiz no tóxico

Colores

Rosa, naranja, amarillo, azul, verde claro, marrón

12 cupcakes con bóvedas de fondant blanco

1. Con la plantilla *(plantilla 27, pág. 225)*, calca el contorno del patito en el centro de la bóveda de fondant. Si te parece demasiado complicado (por la forma abovedada), dibújalo a mano alzada, o bien recorta la plantilla y dibuja el contorno.

2. Pinta el cuerpo del patito con un tono medio de amarillo y el pincel del 4.

3. Añade amarillo puro en la parte trasera y en la zona inferior del ala. Pinta con naranja puro el pico y las patas.

4. Usa un tono medio de verde claro para pintar la hierba que rodea las patas del patito. Para crear un hermoso efecto de hierba, empieza la marca en la parte inferior del tallo de hierba, luego dirige hacia arriba la pincelada: eso hará que la punta del tallo sea más fina y clara que la base.

5. En este punto puedes añadir lazos a los patitos, uno de color rosa encima de la cabeza y uno de azul bajo el pico.

6. Cambia al pincel del 0 y pinta el contorno del patito con marrón puro. Para crear el efecto de suavidad de las plumas, no pintes con una línea, usa pequeñas marcas alrededor del borde. Puedes añadir algunas marcas al cuerpo del patito, para enfatizar su suavidad. Pinta algunos detalles en la hierba.

7. Acaba los cupcakes con una fila de puntos amarillos rodeando el borde del fondant.

6
5
1
2
4
3

LOVE

TATUAJE

Los pasteles de tatuajes se han puesto bastante de moda entre las parejas que buscan pasteles de boda poco convencionales. Resulta pan comido crear una torre de cupcakes sorprendente con estos corazones tatuados como remate para el feliz evento.

Puedes hacer uno solo para ofrecer a tu pareja el día de San Valentín. El texto del corazón puede cambiarse según la celebración o el evento. Busca en la red «fuentes gratis de *tattoo*» y encontrarás una selección de fuentes que puedes descargar para uso no comercial y sin coste. Imprime tu mensaje con la fuente y el tamaño requerido y cálcalo primero en el cartel, o lánzate y píntalo a mano alzada. No te preocupes mucho si las letras no quedan perfectas: es un tatuaje, no deben parecer letras impresas.

EQUIPO

- Pinceles del 8, 4 y 0, y otro para pegar
- 100 g/3½ oz de pasta de modelar blanca
- Pegamento comestible
- Cúter
- Esterilla de espuma (opcional)
- Cortador de corazón, aprox. 60 mm/2½" alto x 50 mm/2" ancho
- Palillos
- *Colores*
- Negro, rojo, azul
- 12 cupcakes con remolinos de crema de mantequilla roja

1. Tiñe 80 g/2¾ oz de la pasta de modelar de rojo y extiéndela a unos 2 mm/1/16" de grosor. Recorta 14 corazones (2 son de más por si se rompen).

2. Extiende los 20 g/¾ oz de pasta de modelar restante a 2 mm/1/16" de grosor. Corta con el cúter el contorno de la plantilla del cartel *(plantilla 26, pág. 225).*

3. Con el pincel del 8 y rojo puro, pinta en un lado del corazón una línea de sombra. Pinta el contorno negro con el pincel del 0. Deja un pequeño espacio entre el borde del corazón y la línea negra.

4. Con el pincel del 4 y pintura azul, sombrea el cartel.

5. Cuando la sombra azul esté seca, puedes calcar las letras en los carteles, o pintarlas a mano alzada. Luego pinta el contorno del cartel.

6. Deja los elementos de los adornos secarse toda la noche, preferiblemente sobre una base de espuma. Luego pega los carteles sobre los corazones.

7. Extiende la pasta de modelar roja restante a 2 mm/1/16" de grosor y corta 14 rectángulos de 15 x 30 mm/5/8 x 1¼". Pinta un lado del rectángulo con pegamento. No uses mucho pegamento, tardará más en secarse.

8. Gira los corazones tatuados y coloca un palillo en el dorso de cada uno. Coloca un rectángulo sobre el palillo y presiona suavemente para que aguante bien el palillo. Deja los corazones girados hasta que se seque el pegamento, y guárdalos en una caja no hermética hasta finalizar los cupcakes.

9. Para servir, coloca con cuidado un corazón en el centro del remolino del cupcake.

TROPICAL

Adoro la alegría de las flores tropicales. Poseen una fuerza de la que carecen otras flores de jardín romántico más tradicionales. Aunque mi clima es bastante frío y húmedo, me gusta imaginarme comiendo estos cupcakes tumbada junto a una piscina y bebiendo un cóctel... ¡Qué felicidad!

EQUIPO

- Pinceles del 4, 0, y otro para pegar
- 100 g/3½ oz de pasta de modelar blanca
- Pegamento comestible
- Base de espuma
- Cortador circular, unos 50 mm/2”
- Palillos
- *Colores*
- Rosa, naranja, amarillo, blanco, morado, verde brillante
- 12 cupcakes con remolinos de crema de mantequilla verde lima

1 Divide la pasta de modelar en tres partes y tiñe una rosa pastel, otra naranja pastel y la última de amarillo.

2 Extiende cada color a 1-2 mm/$\frac{1}{32}$-$\frac{1}{16}$” de grosor, luego corta cuatro discos de cada color (corta más por si se rompen). Deja que se endurezcan toda la noche sobre una base de espuma.

3 Con el pincel del 8 pinta una banda de color bordeando cada disco: pintura amarilla para los discos amarillos, rosa para los rosas, y naranja para los naranjas. Procura integrar el color para que no se vea un borde fuerte de color. Deja secar los discos antes de pintar las flores.

4 **Método para pintar los discos rosas** *(ilustrado en la pág. 177)*

a Mezcla blanco y amarillo, y con el pincel del 4, pinta el contorno de los pétalos, luego pinta trazos de color, del contorno hacia el centro de las flores. De hecho, estás creando un contorno grueso con un borde cortado, la técnica que yo llamo «barrido».

b Rellena el resto de la flor con pintura naranja, procurando mantener el borde donde se encuentra con la pintura amarilla «barrida».

c Pinta de rosa el centro de la flor, imitando la pintura naranja.

d Mezcla verde brillante y pintura blanca y, justo en el centro de la flor, pinta la base de los pequeños estambres. Pinta la punta en forma de judía de los estambres con rosa puro (estos elementos deberían ser nítidos y finos; puedes usar el pincel del 0 si te parecen muy gruesos).

e Con el pincel del 4 o del 0, pinta puntitos de morado puro rodeando el centro de la flor y añade una línea fina (en forma de sonrisa) para indicar justo el centro de la flor.

5 **Método para pintar los discos naranjas** *(ilustrado en la pág. 177)*

a Pinta el contorno de la flor con un tono medio de rosa y luego haz marcas de barrido desde el contorno hasta el centro de la flor, cubriendo aproximadamente un tercio del pétalo.

b Aplica pintura naranja del borde del sombreado rosa hacia el centro de la flor, tocando levemente el fondant con el pincel para crear marcas de barrido. →

Pon un palillo sobre el dorso del disco

Pega un rectángulo de fondant sobre el palillo

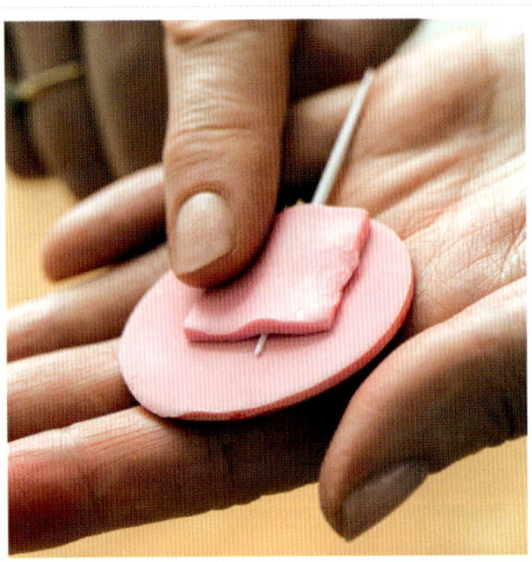

Presiona bien para pegarlo

c Aplica pintura blanca del centro de la flor al borde de la pintura naranja. Usa naranja puro para crear la línea central de la flor.

d Pinta los estambres de verde brillante para la base y rojo puro para las puntas. Añade detalles de rojo puro en el borde de los pétalos.

e Sombrea los estambres con morado y pinta algunos puntitos rodeando el centro.

6 **Método para pintar discos amarillos** *(ver pág. opuesta)*

a Mezcla blanco y rosa y dibuja el contorno de los pétalos. Rellena el centro de la flor de rosa pálido, dejando sin pintar la zona del estambre. Añade marcas de barrido con este color, moviendo el pincel del centro de la flor al borde de los pétalos.

b Añade marcas de barrido más oscuras al borde de los pétalos con un tono medio de rosa.

c Pinta el estambre de la flor primero con una mezcla de verde brillante y blanco, luego sombréalo con verde brillante puro.

d Pinta de rosa puro algunas marcas oscuras en las puntas de los pétalos, y luego añade algo de sombra en el centro de la flor.

e Pinta unas cuantas líneas finas de blanco sobre el rosa pálido con el pincel del 0.

7 Cuando los discos estén secos, gíralos. Extiende el fondant teñido restante y corta pequeños rectángulos de unos 30 x 10 mm/ 1¼ x ½" y píntalos con pegamento comestible. Coloca un palillo sobre el dorso de cada disco pintado, unos dos tercios hacia arriba. Pega el rectángulo de fondant sobre el palillo, presionando con firmeza para que se adhiera, y déjalo secar antes de colocar cada disco sobre un cupcake.

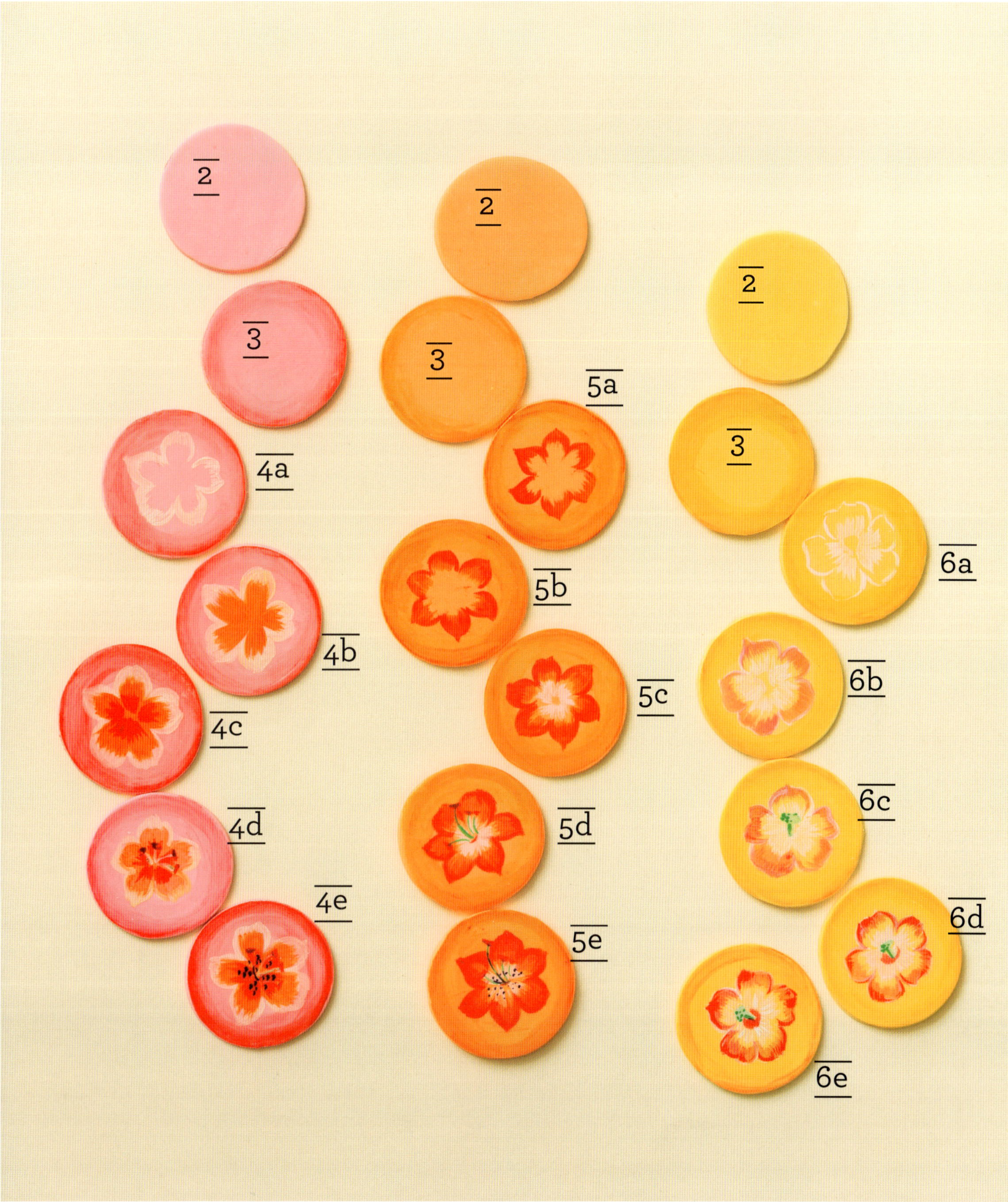
2
3
4a
4b
4c
4d
4e
2
3
5a
5b
5c
5d
5e
2
3
6a
6b
6c
6d
6e

TACITAS DE TÉ

Muchos decoradores de pasteles presentan sus cupcakes en una taza de té, un estilo que admiro. ¡He decidido llevarlo más allá y crear un proyecto que añade una tacita de té encima del cupcake dentro de la taza de té! No olvides doblar el dedo meñique al comer estos pastelitos.

EQUIPO

- Pinceles del 4 y del 0, y otro para pegar
- 150 g/5½ oz de pasta de modelar
- Pegamento comestible
- Cúter
- Cortadores circulares, 40 mm/1½” y 20 mm/¾”
- Palillos
- Film transparente
- *Colores*
- Rosa, naranja, amarillo, azul, verde claro/oscuro, dorado
- 12 cupcakes con bóvedas de fondant blanco

1 Método para crear las tacitas y los platos

a Tiñe ¼ de la pasta de modelar rosa pálido, otro azul pálido y otro amarillo pálido; deja el ¼ restante blanco.

b Extiende la pasta a 1-2 mm/1/32-1/16”.

c Corta el plato con el cortador más grande, y con el pequeño presiona suavemente el centro de la forma de plato. Haz cuatro de cada color (siempre hago más por si se rompen).

d Forma una salchicha con un trocito de film transparente. Une los extremos formando un círculo de 30 mm/1¼”. Coloca el plato encima del film transparente. Presiona suavemente el centro de la pasta para darle forma de plato.

e Corta las formas de taza mediante la plantilla *(plantillas 28-31, pág. 227)*; corta cuatro para cada color (haz más también).

2 Método para hacer la tacita y el plato blancos

a Con un tono medio de azul y pincel del 4, sombrea la taza y el plato.

b Pinta con un tono claro de rosa la rosa y los capullos de la taza y el plato. Pinta las hojas con un tono medio de verde claro. Usa el pincel del 0 para pintar los tallos de los capullos del plato.

c Vuelve al pincel del 4 y pinta el centro de la rosa con rosa puro, añadiendo detallitos en los capullos con el mismo color. Sombrea las hojas con verde oscuro.

d Pinta de dorado los bordes de la taza y el plato.

3 Método para pintar la taza y el plato rosas

a Con un tono de pálido a medio de azul y pincel del 4, sombrea la taza y el plato.

b Pinta con un tono de claro a medio de rosa los capullos de la taza y los puntitos del plato. Añade hojas y tallos a los capullos con un tono pálido de verde claro: puede que necesites el pincel del 0 para pintar los tallos.

c Añade detalles a los capullos con rosa puro, y usa verde oscuro puro en las hojas para indicar sombra.

d Pinta de dorado los bordes de la taza y el plato.

4 Método para pintar la taza y el plato azules

a Con un tono de pálido a medio de azul y pincel del 4, sombrea la taza y el plato.

b Pinta con un tono medio de azul las flores de la taza y el plato. Usa este azul también para tallos y hojas: cambia al pincel del 0 si los tallos no son lo bastante finos.

c Añade una línea dorada al anillo central de cada plato y al asa y la base de las tazas. Pinta puntitos dorados en el borde de la taza y del plato.

5 Método para pintar la taza y el plato amarillos

a Con un tono de pálido a medio de azul y pincel del 4, sombrea la taza y el plato.

b Pinta flores amarillas en la taza y el plato con pincel del 4. Usa un tono medio de rosa para las flores más pequeñas, y pinta las últimas flores finales en blanco. Pinta un centro amarillo a las flores blancas. Pinta las hojas con un tono medio de verde claro.

c Añade detalles al centro de los pétalos amarillos con rosa puro, y úsalo para sombrear las flores rosas. Sombrea las hojas con verde oscuro.

d Pinta una línea dorada alrededor del anillo central y el borde del plato y la taza.

6 Deja secar todos los elementos.

7 Gira las tazas y coloca un palillo en el dorso de la figura (deja un pequeño espacio arriba para que el palillo no se vea del lado derecho). Pega un rectángulo de 10 x 20 mm/½ x ¾" de pasta de modelar sobre el palillo del dorso de la tapa. Déjalo secar.

8 Inserta con cuidado el palillo de la taza en el centro del plato; presiona hasta que la taza se asiente sobre el plato. Coloca la taza y el plato sobre el cupcake.

9 Si lo dejas así, tu cupcake será realmente encantador. Pero si deseas añadir algo más interesante a los pasteles, puedes seguir el dibujo que has pintado en el plato y reproducirlo sobre el cupcake, o sencillamente añadir algunos puntos dorados.

3a
2a
5a
4a
5b
3b
2b
4b
5c
3d
2c
4c
5d
3a
2d
5a
3b
4a
2a
5b
3c
4b
2b
5c
2c
3d
4c
5d
2d

PROYECTOS DE GALLETAS

Me encanta hacer galletas. Quizás se deba a mis recuerdos de niñez, o al placer de usar mi creciente colección de cortadores de galletas, o quizás sencillamente ¡porque me encanta comerlas! (realmente me encantan las galletas).

En este capítulo encontrarás proyectos para todos los niveles, así que no hay nada que te impida lanzarte de pleno y llenar tu cocina de galletas. Y como se conservan mucho tiempo, puedes hacerlas con mucha antelación.

Yo recubro mis galletas con fondant, y siempre tienen mucho éxito entre los niños en fiestas y eventos escolares, con niños encantadores lamiendo todo el fondant antes de engullir la galleta. Para un paladar más refinado, puedes extender el fondant un poco más fino: yo lo prefiero, no queda tan dulce. Si te manejas bien con la glasa real, puedes usarla para cubrir las galletas, pero te recomiendo que hagas pruebas antes, pues la pintura adquirirá otra consistencia sobre su superficie.

BIGOTES

Hice originalmente estas galletas para el marido de una amiga. No lleva bigote ni, que yo sepa, tiene intención de llevarlo. Pero por alguna razón mi amiga no se cansa de buscar bigotes retorcidos, arqueados, de Dalí o de Fu Manchú para satisfacer su antojo por los bigotes. Así que decidió que él tendría toda una selección de bigotes para su cumpleaños.

Estas galletas son realmente divertidas, puedes copiarlas como regalo para fiestas, pero también pueden ser un buen atrezo para una sesión fotográfica, con un aliciente: ¡te las puedes comer al acabar el evento!

EQUIPO

- Pincel del 0, y otro para pegar
- 650 g/1 lb 7 oz de fondant
- Pegamento comestible
- Cúter
- Tablillas niveladoras de 5 mm/¼"
- 30 palitos de piruleta

Colores

- Marrón, crema, naranja
- 1 cantidad de masa de galleta

1. Extiende la masa usando las tablillas niveladoras. Con las plantillas *(plantillas 32-37, pág. 227)*, corta la masa para crear las formas de bigote, haciendo cinco de cada diseño, de manera que tendrás 30 galletas. Inserta con cuidado un palito en un extremo de cada bigote, procurando que no sobresalga por el otro lado. Luego voltea la galleta para revisar el dorso; si puedes ver el palito asomando a la superficie, toma un poco de masa y cubre el área expuesta. Gíralas de cara de nuevo y colócalas sobre una bandeja forrada con papel de hornear, procurando que los palitos estén planos, y enfría la bandeja como mínimo 30 minutos. Hornea las galletas en el horno precalentado (190°C/373°F/gas 5/170°C (convección) durante 8-10 minutos.
2. Divide el fondant en tres y tiñe un tercio de marrón claro, otro tercio de color crema, y el tercer tercio de color naranja. Extiende los colores de uno en uno usando las tablillas niveladoras, y luego gira el fondant para pegar la galleta en el otro lado. Pinta una galleta con el pegamento y pégala sobre el fondant.
3. Recorta la galleta con un cúter.
4. Alisa con cuidado los bordes del fondant con los dedos.
5. Deja reposar las galletas toda la noche para que el fondant se endurezca.
6. Usa el pincel del 0 para pintar los detalles de los bigotes con pintura marrón.
7. ¡Hazte fotos con estos bigotes de opereta y compártelas en las redes sociales!

Corta las galletas con la plantilla

Pon pegamento en la galleta

Presiona la galleta en el fondant

Recorta la galleta

Alisa los bordes

Pinta las galletas

CONEJITOS

Estas galletas serán un regalo de Pascua perfecto, y si les añades etiquetas con nombres, puedes usarlas de tarjetas de mesa. Pero si a tus niños les encantan los conejitos, ¡serán perfectas para todo el año! No te preocupes si no encuentras un cortador de galletas exactamente igual al que yo he usado. Mientras tenga forma de conejo de orejas largas, será perfecto.

EQUIPO

Pincel del 8, 4 y 0

Colores

Rosa, blanco, azul, negro

Galletas en forma de cabeza de conejo con palitos de piruleta y fondant blanco

1. Mezcla un poco de pintura blanca con azul pastel y usa el pincel del 4 para pintar dos círculos para los ojos. Deja secar bien el azul antes de pintar dos círculos negros más pequeños en el centro de los ojos. Pinta un triángulo negro como nariz.

2. Mezcla un poco de blanco con algo de rosa para crear un rosa pastel. Con un pincel del 8 muy, muy seco, pinta las mejillas rosadas del conejito, luego con un pincel del 0 ligeramente mojado, añade la boca con rosa puro.

3. Añade unos cuantos puntitos negros a los lados de la boca con el pincel del 0.

ROSAS

Estas rosas son realmente fáciles de pintar, se componen de tan solo una rosa y un par de hojas, pero son realmente hermosas y recibirás muchísimos elogios. Cubre las galletas con un fondant teñido de un tono más pálido del mismo color que uses para la rosa. He empleado morado, pero puedes crear una versión en rosa o en azul, ¡o incluso galletas de rosas con los colores del arco iris!

EQUIPO

- Pincel del 8
- Papel de calco
- Lápiz no tóxico

Colores

- Morado, verde claro, verde oscuro, blanco
- Galletas redondas de 70 mm/3" con fondant morado pálido

1. Agranda la plantilla del pastel de una rosa *(plantilla 3, pág. 224)* al 110% y transfiere el diseño sobre las galletas preparadas con papel de calco. (Si lo prefieres, este diseño es muy fácil para practicar tu técnica de pintura a mano alzada). Puedes añadir algunas hojas más, y no te preocupes mucho si algunas de las hojas se salen de la galleta (si tus galletas se han extendido). Pero procura que la rosa esté en el centro del diseño.

2. Usa un tono morado pálido y el pincel del 8 para crear las marcas que forman los pétalos de la rosa. Pinta las hojas con un tono pálido de verde claro.

3. Mezcla un tono morado medio y trabaja algunos pétalos del centro de la rosa. Añade algunas pinceladas de este color en un lado de la rosa, creando efecto de sombra. Pinta con verde claro puro las hojas, procurando pintar en la dirección de las venas.

4. En el lado más claro de la rosa, añade algunas pinceladas de blanco. También puedes iluminar con blanco las hojas.

5. Añade morado puro en el centro de la rosa y algunas pinceladas de este color en la flor principal. Procura no mezclar las marcas, o el centro de la rosa será demasiado profundo. Añade reflejos oscuros a las hojas con verde oscuro.

2
3
4
5

ORO

Como decía en la página 153, ¡nunca hay demasiado dorado en mis obras! Así que no he podido resistir la tentación de crear una galleta dorada especial para añadir un toque ostentoso para cualquier ocasión.

La paleta de color que he utilizado para este proyecto tiene un hermoso aire *vintage*, pero puedes cambiarla para conseguir un efecto distinto: el rosa claro combina muy bien con el dorado, e incluso puedes utilizar espray plateado y pintar la galleta en tonos azules.

Si el tiempo lo permite, usa el espray dorado en el exterior, o bien utiliza una cabina de pulverización (ver las instrucciones para el pastel Oro, pág. 153). Deberías usar máscara protectora siempre que utilices un bote de espray.

EQUIPO

Pinceles del 8 y el 4

Papel de calco

Lápiz no tóxico

1 bote de 100 ml/3½ fl oz de espray dorado comestible

Colores

Blanco, marrón

Galletas de corazón (80 mm/3¼" de ancho) con palito y cubiertas de fondant ocre claro

1. Este es un diseño muy sencillo y es mejor pintarlo a mano alzada. Pero si aún no tienes seguridad para hacerlo, usa la plantilla *(plantilla 42, pág. 224)* para calcar los diseños sobre las galletas preparadas.

2. Mezcla un tono medio de marrón y úsalo para pintar las flores y las hojas con el pincel del 8: no te esmeres en cuanto a precisión en este paso. Deja secar esta capa de pintura.

3. Coloca la galleta en la cabina de pulverización (o sobre un trozo grande de papel desechado). Coloca un trozo de papel sobre el palito de la galleta para protegerlo del espray dorado. Ponte una máscara protectora y aplica una capa de espray dorado. Debería ser una capa gruesa, pero tienes que poder ver una impresión fuerte de las flores y las hojas de debajo. Si crees que la capa no es lo bastante gruesa, añade otra capa cuando la primera esté seca.

4. Moja tu pincel del 8 en agua limpia y úsalo para retirar la pintura dorada de encima de las flores y las hojas, pero deja una pequeña cantidad de dorado en el centro de las dos flores más pequeñas. Repite el proceso hasta que el área donde las flores y las hojas están esté clara (excepto los dos centros). Durante este proceso seguramente también quitarás la mayoría de pintura marrón. Deja la galleta hasta que el fondant se haya secado.

5. Pinta las flores de blanco, menos el centro de la más grande, y deja los centros dorados de las otras dos flores.

6. Añade un tono pálido de marrón en el centro de la flor más grande y con el pincel del 4, pinta las hojas usando el mismo tono.

7. Usa marrón puro para oscurecer el centro de la flor grande y añade algunos puntitos rodeando los centros de las otras dos flores. Por último, añade detalles a las hojas.

7
5, 6
2
4
3

DÍA DE MUERTOS

Elaboré estas galletas para el aniversario de una amiga. Tiene gustos poco habituales y quería hacer para ella algo hermoso. Me encanta el contraste entre la calavera y las flores. Habla sobre la fragilidad de la vida... ¡todo ello pintado sobre una deliciosa galleta!

Usa la plantilla para recortar tu galleta; puedes reducir su tamaño y crear toda una familia de calaveras de diferente tamaño: las más pequeñas son un estupendo regalo para una fiesta. Dedica tiempo a experimentar. Puedes utilizar flores de otros proyectos para crear diseños diferentes. Si quieres hacer una calavera negra, pinta las flores sobre pasta de azúcar blanca, recórtalas y pégalas sobre la galleta cubierta de fondant.

También puedes agrandar la plantilla y crear un llamativo pastel de calavera. Solo tienes que recortar un pastel en forma de calavera utilizando la plantilla, cubrirlo con fondant y luego pintar el diseño como se describe a continuación. Si quieres decorar los laterales del pastel, puedes usar algunas de las flores del diseño principal.

EQUIPO

Pinceles del 4 y el 0

Papel de calco

Lápiz no tóxico

Colores
Rosa, blanco, amarillo, verde claro, azul, marrón

Galletas de calavera *(plantilla 38, pág. 228)* con fondant blanco (tardarán unos 20-25 minutos en hornearse, son bastante grandes)

1. Agranda la plantilla al 110%. Transfiere el diseño sobre la galleta con papel de calco, procurando no apoyarte sobre el fondant ni presionar muy fuerte con el lápiz, o se formarán bultos y grietas en la superficie.

2. Pinta con un tono medio de rosa y el pincel del 4 las flores que forman los ojos de la calavera. Recuerda hacer cada pétalo ligeramente diferente, pero de tamaño similar. Procura dejar el centro de las flores en blanco.

3. Usa un tono medio de azul para pintar las flores azules grandes y la «nariz». Aquí también, deja los centros de las flores en blanco y los puntos blancos de la nariz azul. No te preocupes si los puntos no son demasiado redondos, porque pintarás blanco encima otra vez.

4. Usa un tono medio de marrón para pintar la boca y las cejas. Deja los dientes de la calavera blancos y procura que sean del mismo tamaño (no querrás una sonrisa torcida).

5. Con el pincel del 0 y un tono medio de verde claro, pinta los tallos. Deben formar líneas de hermosas curvas, así que procura no ser demasiado torpe con estos elementos. Está bien si interrumpes alguna línea, ayudará a que sea más natural (¡todo lo natural que pueden ser unas flores en una calavera!).

6. Cambia de nuevo al pincel del 4 y pinta con tonos medios las flores pequeñas rosas y amarillas. Procura también dejar sin pintar el espacio en el centro de estas flores. Usa los mismos tonos para pintar los centros »

de las flores grandes, las flores de la «nariz», el contorno de la boca y los puntos alrededor de la boca.

7 Pinta las hojas con un tono medio de verde claro.

8 Añade algunos detalles a los pétalos de las flores amarillas pequeñas con un tono medio de rosa.

9 Sombrea un poco con rosa puro las flores rosas grandes y pequeñas, limitando de nuevo este tono a unos cuantos pétalos de cada flor. Pon un puntito de rosa puro en el centro de cada una de las flores amarillas pequeñas.

10 Sombrea las flores azules con azul puro. Añade un punto de este color en el centro de cada una de las flores rosas pequeñas y pinta un contorno discontinuo alrededor de la zona azul de la «nariz».

11 Usa verde claro puro para añadir sombra a las hojas y añade un poco en el centro de las flores rosas grandes. No hagas un círculo completo: deja asomar un poco del fondant blanco.

12 Con marrón puro, sombrea las hojas, los centros de las flores grandes, las cejas y los dientes. Pinta un contorno discontinuo alrededor de los centros verdes de las flores rosas grandes, luego líneas finas para representar los estambres con puntitos marrones en la punta. Puede que tengas que cambiar al pincel del 0 si las líneas son demasiado gruesas, no llenes los centros con estas líneas.

13 Usa pintura blanca para pintar los dientes y los puntos de la «nariz». También puedes añadir algunos puntitos alrededor de los centros de las flores azules y rosas grandes.

2–6
7–10
11–13

Amelie

NOMBRES

A menudo pinto galletas con nombres como regalo de bodas. Se pueden hacer con cualquier cortador de galletas (para una galleta más grande, solo tienes que agrandar el diseño para ajustarlo). Suelo usar un cortador rectangular con un borde decorativo: la forma imita una tarjeta de mesa. Pero los corazones o los círculos también van bien: haz un esbozo rápido de tu composición antes, para saber cómo colocar los elementos en la forma. La mayoría de los diseños quedan mejor pintados a mano alzada: si calcas imágenes pequeñas sobre fondant, perderás la definición de la forma y los colores podrían emborronarse. Pero hago una excepción con el pájaro: pintar animales (o personas) a mano alzada es difícil.

Antes de empezar, dedica un tiempo a pensar qué fuente vas a usar. No importa el cuidado que pongas, los nombres siempre parecen escritos a mano, así que no busques una fuente complicada con muchas florituras, ni una que parezca infantil. Yo normalmente opto por un estilo de caligrafía porque es más fácil de pintar y mantener un hermoso flujo (y se pinta más rápido). Si no te decides, pinta unas cuantas pruebas con diferentes tipografías y luego elige la mejor. Yo suelo elegir una tipografía y luego escribir el alfabeto en mayúscula y minúscula. Lo comento porque yo pinto los nombres a mano alzada, pero esto lleva algo de práctica: aquí tienes métodos más sencillos.

Si confías en tu caligrafía, pinta el nombre con tu caligrafía normal. Te recomiendo que primero escribas el nombre en la galleta con un lápiz no tóxico, y luego pintes encima. Así el nombre se ajustará perfectamente al espacio, y no quedará aplastado en un extremo ni encima de la flor.

Claro que hay nombres de longitud muy diferente, desde muy cortos (Jon) a mucho más largos (Geraldine). Puedes ajustar cada nombre en el espacio existente: es decir, escribir Jon en letras más grandes que Geraldine. O puedes ajustar el nombre más largo al espacio de la galleta para determinar el tamaño de la tipografía, e imprimir todos los nombres al mismo tamaño. Es una opción personal: yo los pinto a mano alzada, así que normalmente ajusto los nombres al espacio. Si estás muy nervioso/a para pintar a mano alzada, guarda los nombres al tamaño adecuado en un archivo de ordenador e imprímelo en papel de calco para impresora. Gira el papel de calco, calca suavemente las letras, luego vuelve a dar la vuelta al papel y calca el nombre sobre la galleta.

EQUIPO

- Pinceles del 4 y del 0
- Papel de calco
- Lápiz no tóxico
- *Colores*
- Morado, blanco, naranja, amarillo, verde claro, verde oscuro, marrón
- Galletas de la forma elegida con fondant marfil

1 Método para pintar las galletas con rosas moradas

a Pinta la rosa y los capullos con el pincel del 4 en un tono medio de morado.

b Pinta el tallo con el pincel del 0 y un tono medio de verde claro. Añade las hojas en el mismo tono, pero con el pincel del 4.

c Sombrea el centro de la rosa y los capullos con morado puro.

d Sombrea las hojas con verde oscuro.

2 Método para pintar las galletas con borde de capullos

a Pinta los capullos de un tono medio naranja con el pincel del 4.

b Pinta los tallos con el pincel del 0 y un tono medio de verde claro. Añade las hojas en el mismo tono, pero con el pincel del 4.

c Sombrea un poco los capullos con naranja puro.

d Sombrea las hojas con verde oscuro.

3 **Método para pintar las galletas de nomeolvides**

a Pinta las flores con un tono claro de morado y el pincel del 4.

b Pinta el tallo con el pincel del 0 y un tono medio de verde claro. Añade las hojas en el mismo tono, pero con el pincel del 4.

c Sombrea un poco los pétalos con morado puro.

d Sombrea un poco las hojas con verde oscuro.

e Pinta un punto en el centro de cada flor con amarillo puro.

4 **Método para pintar las galletas con borde florido**

a Pinta las ramas con un tono claro de marrón y el pincel del 4.

b Pinta las flores de amarillo puro y las hojas de verde claro.

c Usa un tono medio de naranja para añadir sombra a algunos de los pétalos.

d Añade un círculo de naranja puro en el centro de cada flor.

e Sombrea con verde oscuro puro las hojas.

f Con el pincel del 0 y marrón puro, haz detalles en las ramas y en el centro de las flores.

5 **Método para pintar las galletas del pájaro**

a Calca el contorno del pájaro y la rama sobre la galleta con la plantilla *(plantilla 39, pág. 226)* y papel de calco.

b Pinta las ramas con un tono claro de marrón y el pincel del 4.

c Pinta el pico y la barriga del pájaro con un tono medio de naranja, y el lomo de amarillo.

d Pinta las flores con blanco y añade algunas pinceladas blancas al pájaro.

e Pinta el centro de las flores con rosa.

f Usa marrón puro y el pincel del 0 para pintar el contorno del pájaro. Añade unos cuantos detalles para las alas y el ojo. Añade algún detalle a las ramas y al centro de las flores.

6 **Método para pintar las galletas de pensamientos**

a Con el pincel del 4, pinta de amarillo los tres pétalos inferiores del pensamiento.

b Pinta los dos pétalos superiores con un tono claro de morado, dejando un círculo justo en el centro de la flor sin pintar.

c Cambia al pincel del 0 y pinta el tallo en un tono medio de verde. Usa el pincel del 4 para pintar las hojas en el mismo tono.

d Pinta detalles en el centro de los pétalos amarillos con naranja puro.

e Con un tono medio de morado, sombrea los dos pétalos superiores y pinta un contorno fino alrededor de los pétalos amarillos (usa el pincel del 0). Añade un poco de morado puro en el centro de los pétalos amarillos.

f Pinta con verde oscuro el centro del pensamiento y sombrea las hojas.

7 Pinta los nombres en las galletas.

1a, b
1c, d
Jon
2a, b
2c, d
Sara
3a, b
3c–e
Brigitte
4a, b
4c–f
David
5a–e
5f
Amelie
6a–d
6e, f
Paul

TRAMPAS

La mayoría de mis estudiantes son totalmente principiantes en cuanto a pintura sobre fondant, y no han pintado nada desde su etapa escolar. A menudo se preocupan mucho cuando se trata de probar una técnica con la que no se sienten seguros. En el aula, puedo hablarles sobre sus preocupaciones, y al final de la clase, se me presentan con un pastel pintado, pestañeando asombrados de haberlo hecho ellos mismos.

Si pudiera clonarme y viajar por el mundo dando clases privadas, lo haría. Pero como eso es imposible, he creado estos proyectos, para que si los proyectos fáciles de pintura te parecen difíciles de abordar, puedas irte acostumbrando a la técnica probando algunas «trampas». Usa sellos de manualidades ya hechos para transferir dibujos sobre fondant, o fotocopia un dibujo sobre una hoja de fondant. Para hacer un pastel con un toque más posmoderno, salpicarlo de glaseado teñido es un modo de liberar tu artista interior de éxito asegurado. Deja que estas trampas sean un trampolín a uno de los proyectos de pintura, y sobre todo, disfruta.

SALPICADURAS

Para este proyecto deberás canalizar tu Mark Rothko o Jackson Pollock interior empleando salpicaduras abstractas de glaseado que aporten textura e interés (y con la diversión como gran ayuda).

Las salpicaduras son realmente fáciles de crear y puedes usar lo que quieras para hacerlas. Yo he probado diversas formas y creo que un pincel plano grande (20 mm/¾") es lo mejor, porque puede abarcar una buena cantidad de glaseado. Probé con una cuchara (no tan bien, más goterones que salpicaduras) y con un tenedor (aceptable). El truco es realmente arrojar la pintura y girar con rapidez la muñeca al hacerlo. Es un pastel estupendo para elaborarlo cuando uno está furioso, ¡libera toda la tensión acumulada!

Esta técnica es increíblemente engorrosa, así que cubre el área de trabajo con láminas de plástico (aunque probablemente sigas encontrando una gota de glaseado tras el radiador tres meses después). Si tienes miedo de arrojar la pintura (o tienes la casa impecable), siempre puedes rociar el color sobre el pastel.

He creado una paleta de colores para este proyecto, pero te será realmente fácil hacer la tuya propia, a juego con el tema de la fiesta. Existen montones de páginas web con paletas de color y puedes encontrar combinaciones inusuales que también quedarán muy bien. No te limites a los colores primarios, o parecerá un glaseado infantil: intenta usar colores más sofisticados.

EQUIPO

1 pincel plano de 20 mm/¾"(cualquier pincel grande servirá)

1 cantidad de glasa real

Colores
Verde claro, rosa, marrón, azul, blanco

1 pastel de tres pisos (250 mm/10", 200 mm/8" y 150 mm/6") con fondant blanco

1. Mezcla la glasa real mediante la receta de la pág. 67 o con un paquete de premezcla. Quizas debas variar un poco la cantidad de agua si quieres un glaseado con la consistencia de la nata. Reparte el glaseado en cinco cuencos pequeños.

2. Mezcla el colorante rosa: tiene que ser un tono de medio a oscuro. Toma una cucharadita de este color, añádela a uno de los cuencos y mézclalo formando el color rosa. Haz el color berenjena mezclando rosa y marrón: será el tono más oscuro. Haz un glaseado con un tono medio de verde claro. Tiñe el último cuenco con un poco de azul y añade luego algo de polvo blanco para crear un tono pastel.

3. Moja el pincel en uno de los cuencos y arroja el color sobre el pastel. El mejor modo de hacerlo es llevar el brazo hacia atrás con el codo doblado y luego empujar el brazo hacia delante, llevando el codo al frente y girando la muñeca. Cuanta más fuerza pongas en este movimiento, mejor serán las salpicaduras. Intenta cambiar un poco el ángulo de las salpicaduras, para no hacer una serie de líneas verticales (o simplemente, rocía el glaseado sobre el pastel).

4. Sigue haciendo lo mismo hasta usar todos los colores y acabar el pastel a tu gusto. Si ves que los colores se mezclan sobre el pastel y se emborronan, espera de 5 a 10 minutos entre un color y el otro, para dar tiempo a que el glaseado se seque un poco.

IMPRESIÓN

Paso bastante tiempo soñando en proyectos y la mayoría de las veces siento la certeza de que saldrán bien. Sin embargo, con este proyecto no estaba tan segura. Quería crear un hermoso diseño que se pudiera imprimir en hojas de fondant comestible y ponerlas sobre un pastel. Pero tenía miedo de que pareciera demasiado cursi (¡qué horror!), y solo cuando coloqué la última pieza sobre el pastel lancé un suspiro de alivio y alegría. Aún siento una oleada de satisfacción cuando veo que un proyecto es todo un éxito.

Puedes cambiar fácilmente el estilo del pastel transfiriendo otro dibujo sobre una página de fondant. Simplemente procura no usar una imagen con derechos de autor: algunos tejidos *vintage* serán perfectos, una fotografía hecha por ti, o incluso un dibujo infantil.

Escanea la plantilla, agrándala al 120% y luego imprímela en hojas de fondant comestibles DIN A4: tendrás que imprimir dos hojas.

Si no tienes impresora, seguro que encuentras a alguien que pueda hacer impresiones comestibles. Si no es así, hay pequeñas empresas en Internet que ofrecen este servicio.

La hoja de fondant impresa se despega fácilmente de la lámina de soporte, pero a veces, si la hoja está demasiado húmeda, puede resultarte más difícil. He aquí varios consejos:

- Mete la hoja en el congelador unos 10-15 segundos y luego retira la lámina.
- Coloca la hoja en un horno a muy baja temperatura unos minutos y luego retira la lámina de soporte.
- Aplica un secador de aire sobre la lámina de soporte de la hoja un minuto y luego retírala.

Si ves que la hoja se desmigaja o se rompe al retirar la lámina de soporte, entonces se ha secado mucho y deberás volver a imprimirla.

EQUIPO

1 pincel plano grande para humedecer fondant

2 hojas de fondant impresas con la plantilla floral (plantilla 40, pág. 231)

1 pastel cuadrado de 150 mm/6" recubierto con fondant blanco

1. Haz una plantilla de papel para la superficie del pastel y otra para los laterales. No te he dado medidas porque cada pastel diferirá un poco en función del grosor de la crema de mantequilla y el fondant. Si haces tu propia plantilla, obtendrás una cobertura más a medida.

2. Una hoja impresa será suficiente para cortar tres lados, mejor separados que como una sola tira. La otra hoja será para el lado restante y la superficie del pastel. No retires la lámina de soporte de las hojas hasta que estés a punto de colocarlas sobre el pastel, o el fondant podría secarse y romperse.

3. Humedece ligeramente un solo lado del pastel (no empapes el pastel, o la hoja estará demasiado empapada y se rasgará al pegarla sobre el pastel). Retira la lámina de soporte y pega la hoja en el lado. Alisa los bordes con papel de cocina. Repite el proceso con los otros lados.

4. Humedece la superficie del pastel, retira la lámina de soporte de la pieza superior y pégala sobre el pastel recubierto de fondant blanco. Alisa los bordes.

COLOREAR

Si quieres pintar sobre fondant pero te da miedo empezar, este proyecto es un modo excelente de entrar en materia. Seguro que en tu infancia pintaste algún dibujo para colorear por números, puede que tu abuela o tu tía te regalara alguno, y si se parece un poco a la mía, ¡el resultado aún estará orgullosamente expuesto en alguna pared!

He creado un diseño para ti con el método tradicional de colorear por números, ¿y qué hay más tradicional que una escena invernal con un ciervo? Si te gusta este método, puedes crear tus propios diseños para colorear por números. Esboza tu diseño sobre el papel, sigue las líneas con un bolígrafo negro más grueso y luego borra el lápiz. Escanea tu diseño e imprímelo sobre hojas de fondant comestible. También puedes hacer cubiertas para cupcake con este método y regalarlos en una fiesta de bricomaníacos.

EQUIPO

- 1 pincel del 4, y otro del 4 para pegar
- Pincel plano grande para humedecer fondant
- 50 g/1¾ oz de fondant marrón
- Pegamento comestible
- Cúter
- Pistola de modelar (opcional)
- *Colores*
- Naranja, blanco, verde oscuro, azul, marrón
- Hoja de fondant impreso con la plantilla de colorear por números *(plantilla 41, pág. 229)*, agrandada al 115%
- 1 pastel de 200 mm/8" con 25 mm/1" de un lado cortado para crear un pastel de 200 x 180 mm/8 x 7", con fondant blanco

1. Recorta la hoja de fondant impresa ajustándola al tamaño del pastel (200 x 180 mm/8 x 7").

2. Pincela con un poco de agua hervida la superficie del pastel: debe quedar ligeramente humedecida, no mojada.

3. Separa la hoja de la lámina de soporte y colócala encima del pastel (ver el proyecto *Impresión*, págs. 210-11).

4. Mezcla los colores según la tabla de la pág. 214. Es mejor que mezcles todo el color que necesites al principio, para evitar que el tono cambie a medida que pintas. Al añadir blanco a los colores, se verán más opacos, más similares a la pintura al óleo o a la aguada usada tradicionalmente para colorear por números.

   Azul: añade un poco de blanco al azul.
   Azul pálido: añade un poco de azul al blanco.
   Naranja: mezcla naranja y un poco de blanco.
   Marrón oscuro: mezcla marrón con un poco de blanco.
   Marrón claro: mezcla blanco con marrón y naranja.
   Verde: mezcla verde oscuro con un poco de blanco.

5. Pinta el dibujo con el pincel del 4 siguiendo los colores del dibujo.

6. Extiende el fondant marrón formando una salchicha fina (o con la pistola de modelar) y pégala rodeando el borde de la hoja de fondant. Recorta las uniones con un cúter.

7. Puedes dejar el pastel así, o atarle un lazo en el lateral, o bien, si tienes el día atrevido, ¡pinta tu propio diseño!

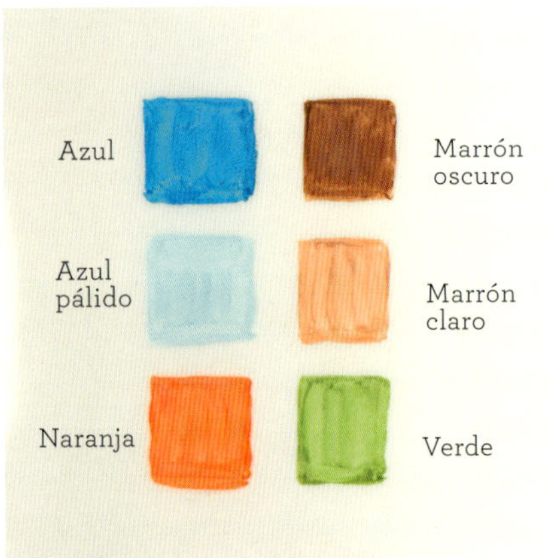

Colores empleados

Pon pegamento en el borde del pastel

Extrude una tira de fondant

Sobreponlo en las esquinas

Cubre de fondant todos los lados

Recorta las uniones

je t'aime
i love you
ich liebe dich
je t'aime

CORAZONES

Aunque está claro que estas galletas serían un regalo magnífico para el día de San Valentín, en realidad son perfectas para cualquier ocasión en la que quieras expresar tu amor y devoción a alguien especial. Puedes crear una galleta de agradecimiento para dársela a alguien que te ha echado una mano. Procura que los sellos que uses para este proyecto sean nuevos, lávalos con agua jabonosa antes de usarlos (comprueba que estén completamente secos antes de estampar) y úsalos única y exclusivamente para decorar pasteles.

EQUIPO

- 1 pincel del 4 y otro para pegar
- 750 g/1 lb 10 oz de fondant
- Pegamento comestible
- 1 cortador circular de unos 70-80 mm/2¾-3¼" (el mismo que para las galletas)
- Un cortador de corazón que quepa en el círculo de fondant y con espacio para escribir dentro
- Un juego de sellos del alfabeto

Colores

- Verde claro, rosa, naranja, amarillo
- 20 galletas cortadas en círculos de unos 70-80 mm/2¾-3¼"

1. Tiñe 150 g/5½ oz de fondant rosa pálido, 150 g/5½ oz de color verde pálido, 150 g/5½ oz amarillo pálido y 150 g/5½ oz naranja pálido; deja el fondant restante en blanco. Usa un palillo para introducir el color gradualmente en el fondant, para no pasarte y hacerlo demasiado oscuro: se trata de obtener hermosos tonos pastel.

2. Extiende el fondant a unos 3-4 mm/⅛-¼" de grosor (o utiliza las tablillas niveladoras). Corta círculos, ponles pegamento y pégalos a las galletas. No necesitas dejar secar el fondant para este proyecto, puedes estampar las galletas inmediatamente.

3. Pinta de rosa puro el borde del cortador de corazón: yo uso el lado malo (no el que usarías para cortar) pues tiene un borde más grueso.

4. Presiona suavemente el borde pintado sobre la galleta recubierta de fondant.

5. Decide el lema que quieres imprimir en la galleta. Con los sellos del alfabeto, empieza imprimiendo la letra central de la palabra (de la primera palabra, si tienes más de una). Es decir, si quieres imprimir «tweet me» y poner «tweet» en la primera línea, elige la letra «e», imprímela justo en el medio del corazón, y luego añade las letras «tw» y «et» a cada lado: al revés, imprime primero «w» y luego «t», después, del otro lado, primero «e» y luego «t». Así te aseguras de no escribir un mensaje asimétrico. Si tienes una palabra con un número par de letras, como «gorgeous», no hay letra central: el centro de la palabra es el espacio entre la «g» y la «e». Así que elige la letra más cercana al espacio, en este caso la «g», colócala ligeramente a la izquierda del centro del corazón, y luego sigue el método antes descrito.

6. Deja secar las galletas antes de entregarlas a tus seres queridos. ¡Les encantarán!

Pinta de rosa el cortador

Presiónalo suavemente

No importa si la línea se rompe

Pinta los sellos

Presiónalos suavemente

ESTAMPACIÓN

Esta es una técnica similar a la de los corazones (página 217), pero en lugar de sellos del alfabeto, usarás sellos de dibujos. Puedes obtenerlos fácilmente en una tienda de arte o manualidades, o de un proveedor en la red. Hay miles de diseños disponibles de todas las formas imaginables, pero deberías utilizar una imagen bastante sencilla. Un sello con excesivas sombras o detalles difícilmente imprimirá una imagen nítida (la consistencia de la pintura comestible que usamos es diferente de la de la tinta de impresión).

Al elegir una forma de galleta que vaya bien con tu sello, piensa en el producto final. Una vez aplicado el sello sobre el fondant, tiene que haber un espacio adecuado entre la imagen y el borde de la galleta (aunque también puede ser bonito hacer un offset del sello sobre la galleta). Sin embargo, no querrás que la imagen se pierda en el centro de la galleta. Normalmente me llevo mis cortadores y los coloco frente al sello antes de decidirme por la forma, a fin de hacerme una ligera idea de cómo quedarán juntos.

Aquí viene una frase que digo pocas veces, pero en este caso ignora mi consejo anterior (sobre dejar secar la galleta). El sello funcionará mejor si el fondant aún es un poco flexible, de hecho, es preferible estampar las galletas en cuanto estén recubiertas. Debes procurar que el fondant esté totalmente plano, para poder imprimir bien todo el sello. Si hay bultos y abolladuras, perderás partes del dibujo. Las tablillas niveladoras te ayudarán a mantener el fondant bastante grueso, o extiéndelo a un grosor uniforme de 5 mm/¼”.

Si tus galletas son bastante irregulares, gíralas y cubre el dorso con el fondant (ese lado será bastante plano por estar contra la superficie de la bandeja de hornear). Una vez aplicado el fondant sobre la galleta, alisa la superficie con los alisadores para conseguir un acabado perfecto.

EQUIPO

Pincel del 8

Sellos de manualidades

Colores

Azul, blanco

Galletas de la forma elegida, con fondant marfil

1. Mezcla un poco de azul y blanco (el blanco secará un poco el color y evitará que se extienda al estampar).
2. Pinta el color sobre el sello, procurando que no haya demasiado color en la parte plana del sello, pues podría transferirse a la galleta.
3. Gira el sello y sujétalo sobre la galleta, comprobando la posición.
4. Presiona con cuidado el sello sobre el fondant.
5. Levanta suavemente el sello de la galleta, *et voilà!* Una imagen perfectamente impresa.

Mezcla el blanco y el azul

Pinta de color el sello

Sello pintado

Coloca el sello sobre la galleta

Presiona suavemente

PLANTILLAS

plantilla 42

plantilla 25

plantilla 1

plantilla 2

plantilla 3

plantilla 26

plantilla 27

plantilla 4

plantilla 6

plantilla 5

plantilla 39

plantilla 7

plantilla 24

plantilla 28

plantilla 29

plantilla 30

plantilla 31

plantilla 32

plantilla 33

plantilla 34

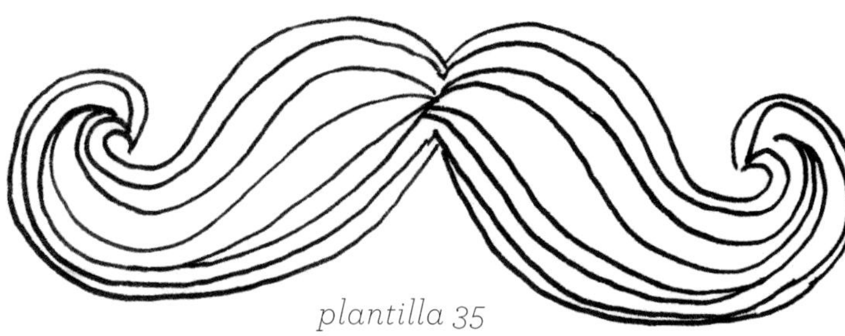
plantilla 35

plantilla 36

plantilla 37

plantilla 38

plantillas 14 y 15

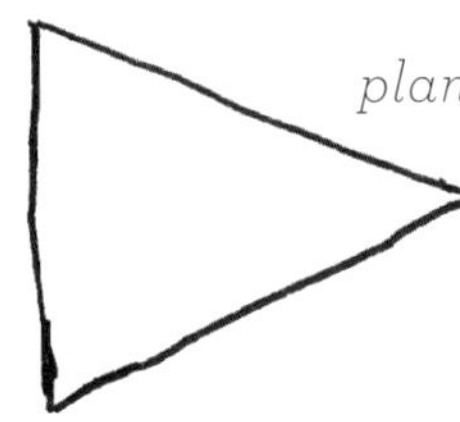

plantilla 13

plantillas 8–12

plantilla 16
plantilla 17
plantilla 18
plantilla 19
plantilla 20
plantilla 21
plantilla 22
plantilla 23

plantilla 40

ÍNDICE

Los números de página en *cursiva* se refieren a fotografías e ilustraciones.

R

S

T

V

1/4 cup

Agradecimientos

Hay muchas personas sin las cuales este libro aún sería un sueño imposible, y no quiero dejar pasar esta oportunidad sin agradecérselo.

Gracias a mi agente Claire Hulton, por creer en *Pasteles pintados* desde el principio. Sin duda no podría haberlo hecho sin ella; es una verdadera joya y le estoy realmente agradecida.

Hay muchas personas de Murdoch Books que han contribuido en este libro. Tengo que dar las gracias especialmente a Diana Hill, mi fantástica editora, que me ha tomado de la mano y me ha guiado graciosamente en mi primera aventura en el mundo de la edición. Gracias a Miriam Steenhauer y a Claire Grady, que atendieron con paciencia todas mis preguntas y consultas, y a Virginia Birch, que tomó el relevo y siguió adelante. Gracias a Holly O'Neill por editar el manuscrito y abordar mis errores de gramática y ortografía, y un agradecimiento muy especial para Emilia Toia, que ha diseñado un libro realmente hermoso que se complementa a la perfección con los proyectos.

Fue un verdadero placer trabajar con un fotógrafo tan increíble como Nathan Pask. Hizo de algo que podría haber sido muy estresante un rato realmente divertido, y estoy exultante por las fotos que ha creado: me siento afortunada de que haya formado parte del «Equipo Pastel». También debo dar las gracias al equipo de Snap Studios, especialmente a Steph King, por cuidarnos tan bien mientras hacíamos las fotos. ¡Y muchísimas gracias a Sharon Herholdt, por hacer que mis uñas de pastelera se vean tan hermosas!

Tengo que dar las gracias a los maravillosos proveedores que me ayudaron a conseguir hermosos elementos para la sesión fotográfica: Marie Kitchen de Hearthfelt Handmade; Vicky Trianer de The Linen Garden (por sus hermosos tejidos y trozos de lazos); Reilly and Moss (por algunos magníficos soportes de pastel) y Baker and Maker por muchos objetos fabulosos. También hay algunos proveedores locales de mi ciudad, Berkhamsted, a quien dar las gracias: Custom Kitchens por prestarme una maravillosa mesa de trabajo, Petals Flower Shop, por sus hermosas flores, y Peter John Interiors, por sus maravillosos papeles pintados. Y gracias a Kate de Cakeaddodledo por mi delantal de lunares.

También hay muchos, muchos amigos que merecen un agradecimiento especial por ayudarme mientras estaba escribiendo el libro, especialmente por cuidar de mis retoños y por hacer de chóferes cuando estaba hasta las cejas de crema de mantequilla. También debo mencionar a Emma Thomas: gracias por toda la diversión pastelera que hemos compartido estos últimos años, ha sido genial.

Puede parecer extraño (teniendo en cuenta que acabo de escribir este libro) pero no se me dan bien las palabras, soy una persona más bien visual. Así que me es muy difícil verbalizar los agradecimientos que he guardado para las personas más importantes de mi vida. Espero que el resto del libro hable de ello por sí solo, pero voy a esforzarme por agradecérselo también aquí.

Sin el apoyo y el amor de mis padres nunca habría sido capaz de seguir una carrera como artista. Siempre han sido muy atentos y abnegados y han cuidado de mí (y ahora de sus nietos) y me han respaldado durante todo el camino. Gracias a los dos. x

Ahora ya tengo dos miniartistas, y quiero dar las gracias a mis encantadoras chicas por su paciencia y su apoyo. Sin vosotras nunca habría empezado este camino tan particular: las dos sois mi inspiración y mi alegría.

Finalmente, muchísimas gracias a Paul, mi fantástico marido. Has ayudado a hacerlo posible. Desde el principio has estado ahí, ayudándome con tus extraordinarias habilidades gramaticales y lingüísticas de ninja. Has soportado con paciencia una casa llena de pasteles y glaseados. Has aguantado muchas, muchísimas conversaciones sobre pasteles con buen humor, y siempre me haces reír.

¡Gracias, Sr. Rociado de Limón! xx

Título original: THE PAINTED CAKE

Provença, 101 - 08029 Barcelona
info@editorialjuventud.es
www.editorialjuventud.es

Traducción de Susana Tornero

Primera edición, 2015

ISBN: 978-84-261-4220-7

DL B 11128-2015
Núm. de edición de E. J.: 13.070

Printed in China

IMPORTANTE: Aquellas personas con riesgo de contraer la salmonella (ancianos, mujeres embarazadas, niños y cualquiera que padezca una enfermedad relacionada con una deficiencia en el sistema inmunológico) deberían consultar a su médico si tiene dudas sobre la ingestión de huevos crudos.

GUÍA PARA EL HORNO: Es posible que los tiempos de preparación dependan del tipo de horno que se utilice. En el caso de los hornos de convección, como norma general, debes ajustar la temperatura 20 °C por debajo de la indicada en la receta.